मुझे निंदर घुगियाणवी से मिलकर हार्दिक प्रसन्नता हुई। उसकी छोटी-सी आयु है और लिखता बहुत रोचक है, काफ़ी कुछ लिख चुका है। चाहे वह कभी न्यायपालिका में 'छोटा मुलाजिम' रहा है, परन्तु न्यायपालिका से सम्बन्धित अपने दिलचस्प अनुभव और न्यायपालिका की विभिन्न समस्याओं पर लिखकर वह 'बड़ा लेखक' बन गया है। मेरी शुभकामनाएँ और आशीष उसके साथ हैं।

–जस्टिस राजिन्दर सच्चर

(रिटा. चीफ़ जस्टिस, दिल्ली हाई कोर्ट)

निंदर भैया, बड़ा नाम कमाया है आपने और ज़बरदस्त रचना लिखी है। आपको नहीं पता कि आप क्या हैं! यह सब भगवान की ही देन होती है। उसके हुक्म के बिना एक पत्ता नहीं हिल सकता। मुझे याद है कि मैंने बचपन में एक बंगाली पुस्तक को बार-बार पढ़ा था–*इतने अनजाने*। शंकर की लिखी हुई है, इसका हिन्दी में अनुवाद भी मिलता है। लेखक एक वकील के मुंशी थे। बाद में वे खुद वकील बन गये। उस पुस्तक में वकीलों, जजों, मुंशियों, अर्दलियों और कोर्ट से जुड़े सभी लोगों के बारे में बहुत कुछ मिलता है। ऐसा ही आपकी इस रचना में भी है। युग-युग जिएँ मेरे भाई!

–जस्टिस जी.एस. सिंघवी

(रिटा. जस्टिस, सुप्रीम कोर्ट)

The book is a delightful read and I sat up late at night to run through it. I enjoyed it. It is a very perceptive study of human nature, judges, their wives, court munshis, peons, waqeels and false witnesses; all of the strange fish that gather in a district judicial pond.

—Dr. Manohar Singh Gill, MP

(Ex. Cabinet Minister and Chief Election Commissioner, Govt. of India)

निंदर घुगियाणवी की पुस्तक *मैं था जज का अर्दली* को मैं पढ़ चुकी हूँ और इस पर आधारित लघु फ़िल्म भी देखी है। मुझे उसकी रचना बहुत प्यारी लगी। इन्सान ज़िन्दगी में कठिन मेहनत करता हुआ कहाँ से कहाँ तक पहुँच जाता है, इसका जीता-जागता उदाहरण निंदर घुगियाणवी है।

–जस्टिस एच.के. संधु

(रिटा. जस्टिस, पंजाब व हरियाणा हाई कोर्ट)

श्री निंदर घुगियाणवी एक उम्दा लेखक है। आप उसके लेखन में सब कुछ पायेंगे–हास्य, गम्भीरता, तीक्ष्ण व्यंग्य, हमारे और आपके जैसे उच्च एवं साधारण जीवन, ऐसी ही उसकी आत्मकथा है। अन्त में जीवन तो धूल से धूल तक है और खुशी, यश तो आने-जाने हैं।

–जोगिन्दर सिंह, आईपीएस

(पूर्व निदेशक, सीबीआई, भारत सरकार)

मैं था जज का अर्दली

निंदर घुगियाणवी

वाणी प्रकाशन

प्रकाशन के उत्कृष्टतम 62 वर्ष

vaniprakashan.com

पेपरबैक पहला संस्करण : 2025

वाणी प्रकाशन

4695, 21-ए, दरियागंज, नयी दिल्ली-110 002
फ़ोन : + 91 11 23273167, 23275710

शाखाएँ
अशोक राजपथ, पटना-800 004, बिहार
कॉफ़ी हाउस कैम्पस, महात्मा गांधी मार्ग, प्रयागराज-211 001, उत्तर प्रदेश
महात्मा गांधी अन्तरराष्ट्रीय हिन्दी विश्वविद्यालय, वर्धा-442 001, महाराष्ट्र

sales@vaniprakashan.in
vaniprakashan@gmail.com

Main Tha Judge ka Ardali
by Ninder Ghugianvi

ISBN : 978-93-6944-911-8
Autobiography

मूल्य : ₹ 299

सिटी प्रेस, दिल्ली-110 095 में मुद्रित

वाणी प्रकाशन का लोगो मक़बूल फ़िदा हुसैन की कूची से

अनुक्रम

प्यारा निंदर

जब कभी मैं निंदर घुगियाणवी का गद्य पढ़ता हूँ तो मुझे उसकी बेबाक़ी, उसकी मासूमियत, व्यंग्य और विनोदप्रियता बहुत अच्छी लगती है। उसने ज़िन्दगी को बहुत क़रीब से देखा है, क़रीब से ही नहीं एक ऐसे कोण से देखा है, जहाँ से देखना तथाकथित मुअतबर लोगों के नसीब में नहीं होता। उसने 'कुछ नहीं' बनकर उन लोगों का तमाशा देखा है जो अपने को बहुत कुछ समझते हैं। उसका यह दृष्टिबिन्दु उसके गद्य को एक अलग ही सार्थकता और न्यारापन देता है।

निंदर की यह आत्म-कथनात्मक रचना है जो पंजाबी पाठकों में बहुत लोकप्रिय हुई और जिसके सात संस्करण प्रकाशित हो चुके हैं। उस पर टीवी सीरियल और रेडियो फीचर भी बने हैं।

छोटी उम्र में निंदर जज का अर्दली रहा। बेचारे जज को क्या पता था कि एक मासूम-सा लड़का उसे कितनी बारीकी से देख रहा है और उसके अन्दर एक भावी लेखक छुपा हुआ है। इस रचना को मनोरंजक व मूल्यवान बनाने में निंदर की अनूठी प्रतिभा के साथ-साथ उस दिलचस्प स्थिति का भी हाथ है।

मुझे बेहद ख़ुशी है कि अब इसका हिन्दी संस्करण हिन्दी पाठकों के लिए भी उपलब्ध है। मुझे पूर्ण आशा है कि उनकी पंजाबी पुस्तक की तरह ये भी उतनी ही लोकप्रिय होगी।

—पद्मश्री सुरजीत पातर

Delightful Read

Ninder Ghugianvi telephoned me one day and came in contact. I did not know him, but I was impressed by what he told me. He had actually been an orderly in a Judicial Court and had observed the ways of Indian justice, with a very perceptive eye at close quarter. As is fairly common, after recruitment he was put in the Judges house to do kitchen work, gardening work, look after the buffaloes and anything that pleased his Honour and his lady wife. His first judge and family were pleasant, but the second was the most difficult person. Peons have to suffer and accept all that, their masters inflict on them.

Nindar has an observant eye, a mischievous observatory power, and a great command over Gurmukhi language. He is from the soil and he can even bring out the nuances of dialect, specific to the regions of Punjab.

The book is a delightful read and I sat up late at night to run through it. I enjoyed it. It is a very perceptive study of human nature, judges, their wives, court munshis, peons, waqeels and false witnesses; all of the strange fish that gather in a district judicial Pond.

Since his first book he has gone on to write many more and is most active in Punjabi writing. I am delighted to know him and to congratulate him. He is another valuable addition to Punjabi writing. What is more, unlike many well known Gurmukhi writers, his language is of the soil. It is not contaminated with the heavy influence of Hindi and Sanskrit after 1947, and the removal of all influences from the West that came into the language, over the past centuries.

I wish him well and will watch his progress with interest.

—Dr. Manohar Singh Gill
MP
(Ex Sports Minister, Govt. of India and Cheif Election Commissioner, India)

लाल कोठी

इसे 'लाल कोठी' कहते हैं। वे भी दिन थे, जब इस पर 'दिन' होते थे। लाल कोठी पर सचमुच लाली होती थी और ख़ूब रौनक लगती थी यहाँ।

वर्षों बाद आज अपने जज साहिब की 'लाल कोठी' के पास से गुज़रते हुए मेरे पाँव अचानक ही दरवाज़े के सामने रुक गये हैं। दरवाज़ा हटा दिया है। मैं दरवाज़ा ढूँढ़ने लगा हूँ। लोहे के दरवाज़ों की जगह टूटी-फूटी ईंटों की बौनी-सी दीवार खड़ी की हुई है।

कोठी के अन्दर आक, सरकंडा, काई और घास समेत कंटीली बूटियाँ जमघट मारे बैठी हैं। कोठी के बीचोबीच लगे लंबे, भारी और पुराने वृक्ष पता नहीं कौन काटकर ले गया है? दीवारों से सीमेंट की पपड़ियाँ गिर रही हैं। ईंटें भुरभुरा रही हैं।

'लाल कोठी' के बरामदे में जहाँ कभी हमारा साहब बड़ी शान से बैठता था, मिट्टी का बड़ा-सा ढेर लगा हुआ है...जैसे वहाँ कोई किसी की क़ब्र खोदकर गया हो।

थोड़ा आगे होकर देखता हूँ...वो जगह...जहाँ मैं साहब के लिए सब्ज़ियाँ तथा और कई चीज़ें उगाता था। वह जगह अब ख़ुद-ब-ख़ुद उग आये घास-फूँस में छिपी हुई है। यहाँ मैंने खुरपा और कस्सी बहुत चलाई। मीठी गाजरें, करारी मूलियाँ और हरी भूकों वाले प्याज़ बोता रहा हूँ। यह 'लाल कोठी' मेरे अतीत की अनगिनत यादों के साथ बड़े नज़दीक से जुड़ी हुई है। आज वर्षों बाद याद करते हुए और कोठी को निहारते हुए मेरी आँखें नम हो गयीं। यहाँ मैंने चाहे मुश्किल समय बिताया या आसान, आख़िर समय तो समय होता है! दूर तक बीत जाने पर वही मुश्किल समय अब मुझे अच्छा-अच्छा लगने लगा है... बहुत अच्छा...पता नहीं क्यों?

कहते हैं, मनुष्यों की तरह वृक्षों और घरों पर भी हमेशा एक जैसे दिन नहीं रहते...यह टूटते-बिखरते और उठते-बैठते रहते हैं। किसी समय 'लाल कोठी' महाराजा का 'मेहमान घर' होती थी। दूर-दूर से राजा-रानियाँ और उनके रंक-रंगीले

यहाँ आकर ठहरते थे। समय बीता...राजा जी बीत गये। कोठी ज़िला प्रशासन के पास आ गयी। यहाँ उच्च-अफ़सरों के ठिकाने बन गये। मेरे साहब भी तो उच्च-अफ़सर ही थे, तभी तो उन्हें इस कोठी में ठिकाना मिला था। मेरे साहब यहाँ तीन साल तक रहे।

खुले-खुले कमरे एक-दूसरे के साथ जुड़ते। उतनी ही बड़ी रसोइयाँ और गुसलखाने। रातों को कई बार मेरा साहब दारू पीकर गरजने लगता तो 'लाल कोठी' भी गूँजती...एक कमरे से होती हुई आवाज़ सातवें कमरे तक रेंगती जाती तो लगने लगता, जैसे पागलखाने में आये किसी 'नये पागल' को दौरा पड़ा हो।

नौकर के रहने के लिए...मेरा छोटा-सा कमरा कोठी के पिछली ओर था। उसके साथ पशुओं के लिए चारा खाने वाला टोकरा फिट किया हुआ था। इस छोटे-से कमरे में बैठकर मैं काफ़ी कुछ लिखता था। यहाँ बैठकर ही मैं कई बार आधी-आधी रात तक रोया था। यहीं मैं कई रात...घण्टों तुम्बी बजाता रहा और धीमी आवाज़ में गाता था कि कहीं साहब या आस-पड़ोस मेरी आवाज़ ना सुन ले और गालियाँ ही ना पड़ जायें।

मन में आया...देखूँ तो सही...मेरा कमरा है या किसी ने ढहा दिया है? मैंने कोठी के अन्दर छलाँग लगा दी। घास-फूँस को पैरों से मसलता हुआ मैं पिछली तरफ़ चला गया। पुरानी लकड़ियों के ढेर से एक काली बिल्ली निकली और पड़ोस वाली कोठी में घुस गयी। थोड़ा आगे गया तो तीन पिल्ले मरे हुए थे। मेरा कमरा... मेरी तरह ज़ख़्मी-सा...बिना छत के आधा बचा था।

मेरा दिल बुरी तरह हिल गया। 'अरे तुम कहाँ...?'

मैं एकदम हिल जाता हूँ...जैसे अचानक उसने मुझसे पूछा हो!

फिर पीछे देखता हूँ...कोई नहीं था। किसकी आवाज़ थी यह? या मेरे कान बजे थे? मैंने जल्दी से क़दम पीछे किये और आँखें पोंछता हुआ 'लाल कोठी' से बाहर आ गया और गाँव के रास्ते पर हो लिया।

यूँ बना अर्दली बनने का सबब

दसवीं कक्षा से आगे पढ़ा ना गया। पिता जी कहते, "कहीं कोई छोटी-मोटी नौकरी ढूँढ़ लो, भले ही चपरासी लग जाओ, पानी-धानी पिलाने को रख ले कोई...कहीं से चार पैसे आयेंगे...।"

बापू की गाँव में हरिजनों की तरफ़ छोटी-सी दुकान थी...जब वह शहर सौदा लेने जाता तो मैं दुकान पर बैठता था। गाने का बहुत शौक़ था। जब शौक़ ज़्यादा ही बढ़ गया तो बापू से कहा, "मैं यमला जट्ट का चेला बनना चाहता हूँ, मैंने गाना सीखना है वहाँ से। लुधियाने चलो मेरे साथ।"

बापू ने ना-नुकर की और प्यार से यह बात भी समझायी, "बेटा महाजनों का लड़का, और काम मरासियों वाला करना चाहता है...गाना-वाना...? यह हमें शोभा नहीं देते, तुमने यमले जट्ट से क्या लेना है भला?"

मैंने ज़िद ना छोड़ी तो बापू मान गया। लुधियाना आये। उस्ताद लालचन्द यमला जट्ट के डेरे में सालाना लोक संगीतक मेला बाबा पीर कटोरे शाह की याद में जुड़ा हुआ था, वहाँ उस्ताद जी अपने नये शागिर्द बनाते। कलाकारों की अच्छी भीड़ थी। मैंने भी पगड़ी भेंट की। उन्होंने पुरानी रवायत के अनुसार मुझे नमक की चुटकी प्रसाद के रूप में देकर चटाई और लड्डू भी बाँटे। मैं उनका पक्का शागिर्द हो गया और सूखे कद्दू की बनायी तुम्बी पर उँगलियाँ मारने लगा। गीत भी उस्ताद जी के लिखे ही गाने लगा था।

गुरवाणी पाठ करने की लगन भी बचपन से ही थी। इलाक़े के पाठी सिंह भी जानते थे। कई बार किसी अखण्ड पाठ से कोई पाठी कम हो जाता तो मुझे ले जाते। मैं पाठ पढ़ता, तो लोग कहते, "बई छोटा-सा लड़का है...बहुत आवाज़ है...बहुत अच्छा पाठ करता है।"

जिस दिन भोग होता, भोग के बाद मैं तुम्बी टुनकाता...धार्मिक गीत गाता... लोग रुपये देकर हौसला बढ़ाते। इस तरह काफ़ी पैसे इकट्ठे हो जाते...सवा या

डेढ़ सौ...रौल लगायी का अलग भी मिल जाता। मेवे...मिश्री...छोटी इलायची... छुआरे और सरोपा भी मिल जाता था।

बीच में से कोई पाठी ईर्ष्या करता, "यह मुंडू-सा दोनों तरफ़ से फ़ायदा ले गया...तुम्बी भी बजा ली...और रौल लगायी के भी ले गया, आइन्दा से नहीं बुलायेंगे इसे।"

कोई और कह देता, "काका, हमारे लड़के के शगुन पर भी आना...फला दिन को।"

इस तरह प्रोग्राम भी मिल जाता और मैं घर से बाहर ही रहता था।

बापू ने दुकान पर मुश्किल से डेढ़-पौने दो सौ ही कमाया होता था...रुपये-रुपये के आलू-प्याज़ और पचास-पचास पैसे का नमक-हलदी बेचकर। मैं पाँच-छह सौ बापू को पकड़ा देता। बापू कहता, "नौकरी से यह काम बढ़िया है...।"

मैं कहता, "बापू, अब इस काम को बढ़िया कह रहे हो...तब क्या था, जब कहते थे, यह मरासीपन महाजनों के लड़कों पर नहीं फबता।"

बापू हँस देता। मेरा समय गुज़र रहा था।

एक दिन कचहरियों से गुज़र रहा था। एक साहित्यकार मित्र अपने रिश्तेदार वकील के अड्डे पर बैठा था। मुझे देखकर बोला, "अरे किधर जा रहे हो...आओ, बैठो... सुनाओ कोई नयी-ताज़ी।"

मैं जा बैठा। मित्र ने पूछा, "अब क्या करते हो...क्या कारोबार है आजकल तुम्हारा?"

मैंने कहा, "और क्या करना है...दसवीं पास को कौन डी.सी. लगा लेगा।"

दोस्त ने कहा, "तुम ऐसा करो, जब तक कोई और काम नहीं मिलता, उतनी देर तुम इन वकील साहब के पास यहाँ आ जाया करो...अपने रिश्तेदार हैं यह... इन मुंशी साहिब से काम सीख लो...और बन जाओ पक्के मुंशी...दिहाड़ी तुम्हारी अच्छी बन जाया करेगी।"

दूसरे दिन से ही मैं वकील साहब के पास जाने लगा। वकील साहब ने अपने मुंशी से कह दिया, "इस लड़के को सारा काम सिखाना...अपनी जान पहचान का है लड़का और कलाकार भी है...लेखक है।"

कुछ दिनों बाद मैं अदालतों के अन्दर तारीख़ें लेने के लिए जाने लगा। जजों को देखकर जल्दी कहीं आगे होने का हौसला नहीं होता था। पीछे ही खड़ा रहता

था...हिम्मत ही नहीं पड़ती थी कि जज से कहूँ, "जनाब यह हमारा केस है, तारीख़ डाल दो।"

एक दिन पुराना मुंशी पृथी सिंह कहने लगा, "ऐसे तो नहीं चलेगा तेरा काम... घबराकर या डरकर जजों से दूर खड़े रहोगे तो खड़े रह जाओगे...बेटा तुम हौसला करके...अच्छी तरह हाथ में लिफ़ाफ़ा पकड़कर यानी सीधा अदालत में जाकर जज को नमस्कार करनी है...धीमी-सी नमस्कार...ज़ोर से नहीं फेंकनी, ऊँचा नहीं बोलना... फ़ालतू बातें नहीं करनी...फिर जज साहब किसी को कुछ नहीं कहते... जज भी तो आदमी हैं...तुम यूँ ही डर रहे हो...कॉन्फिडेंस लाओ अपने आप में... देहाती लड़के तो दिलेर होते हैं...।"

मुंशी की बातें सुनकर मेरा हौसला बढ़ गया और पूरे ध्यान से मुंशीपना करने लगा।

x x x

पूरा साल गुज़र गया था। सारी कचहरी के वकीलों...मुंशियों, जजों, अर्दलियों, प्यादों और अन्य मुलाजिमों-बाऊओं आदि से अच्छी जान-पहचान भी बन गयी थी। कई जज तो यह बात भी जान गये थे कि यह मुंशी लड़का कलाकार है, लेखक है। कइयों ने अख़बारों में छपी फ़ोटो भी देखी थीं और लेख-रचनाएँ भी पढ़ी हुई थीं।

एक जज साहब तो मुझ पर बहुत ही ख़ुश होते, जब मैं उनकी अदालत में जाता। वह मुझसे मेरी कलाकारी के बारे में पूछते और बातें करते। जब किसी अख़बार-पत्रिका में कुछ छपा होता तो मैं उसकी कॉपी जज साहब को दे आता। पंजाबी अख़बार उनके घर आते ही थे...

कई बार सुबह वह ख़ुद ही कह देते, "भई आज तो तुम्हारी रचना छपी हुई है अख़बार में...मैं पढ़कर आया हूँ आज...वाह...वाह भई।"

जजों के सामने काम करते हुए कचहरी के सारे अर्दली भी मेरे अच्छे जानकार हो चुके थे। जब मैं किसी अर्दली को अदालत के आगे खड़ा आवाज़ लगाते देखता, 'चलो फलाँ बनाम फलाँ हाज़िर हो' तो मैं सोचता इनकी तो बहुत शान है...जजों के पास काम करते हैं...अगर मैं भी इनकी तरह यहाँ आवाज़ें मारने पर लग जाऊँ तो मेरी भी शान बन जायेगी और तनख़्वाह भी पक्की लग जायेगी मेरी।

एक दिन सेशन जज की अदालत के सामने नोटिस चिपका हुआ था, चार अर्दली रखने थे, विनय-पत्र माँगे गये थे। मैंने अर्दली लगने का मन बनाया, वकील साहब और कुछ मित्रों से राय भी ली। विनय-पत्र दफ़्तर में दाख़िल कर दिया।

इंटरव्यू वाले दिन सेशन जज के दफ़्तर के सामने बीस-पच्चीस लोग खड़े थे, सब अर्दली की नौकरी लेने आये थे। खाते-पीते घरों के लगते थे पर बेरोज़गार थे। मैं भी उनमें जा खड़ा हुआ। मेरी बारी आयी। मैं अन्दर गया। इंटरव्यू के लिए सेशन जज साहब, सीनियर सब जज और सुपरिंटेंडेंट बैठे हुए थे। मैंने दोनों हाथ जोड़कर सभी को एक साथ नमस्ते बुलायी।

सेशन जज साहब मेरी तरफ़ देखकर बोले, "यह लड़का कहीं देखा हुआ लगता है।"

पास बैठे सीनियर सब जज साहब ने कहा, "जी हाँ, देखा तो मैंने भी है कहीं... बेटा, तुम यहाँ कहीं मुंशी तो नहीं लगे हुए?"

"हाँ जी सर...मुंशी हूँ जी...।"

"तो फिर तुम मुंशीपना करो...आज़ादी वाला काम है...अर्दली क्यों लगना चाहते हो?" सेशन जज साहब बायाँ कान खुजाते हुए बोले।

"सर जी...ग़रीबी है...भाई-बहनों में सबसे बड़ा हूँ...घर की आर्थिक हालत बहुत पतली है...।"

मैंने अभी अपनी बात पूरी भी नहीं की थी कि जज साहब ने पूछा, "तुम घर के कौन-से काम जानते हो? रोटी वग़ैरह बना लेते हो? सबसे बड़ी बात तो यही है...रसोई का काम...।"

"हाँ जी सर, रोटी भी पकानी आती है...सारे घर के और काम भी आते हैं।"

सीनियर सब जज साहब अपनी ऐनक उतारते हुए बोले, "बेटा, इस महकमे में तो ए से जेड सारे काम करने पड़ते हैं...रोटी बनाने से लेकर कपड़े धोने, बर्तन साफ़ करने, दूध दोहने, चारा डालने, गोबर उठाने, बच्चों को स्कूल छोड़ना-लाना... कोठी और कचहरी में काम करना, छुट्टी-वुट्टी कोई नहीं...रविवार को भी छुट्टी नहीं होती...।"

"सर जी, मैं सारे काम कर लूँगा जी...मैं घर में भी करता हूँ। माता जी बीमार रहती हैं...काम मैं ही करता हूँ।"

"अगर तुम्हारी माता बीमार रहती हैं...तुम यहाँ नौकरी लग गये तो फिर तुम्हारे घर के काम कौन करेगा?"

"सर जी, मुझसे छोटा भाई है...वो भी सारे काम जानता है...वो कर लिया करेगा।"

सेशन जज साहब का अगला सवाल था, "हमारे देश के राष्ट्रपति कौन हैं?"

मैंने ठीक बता दिया। फिर सेशन जज साहब ने नाटकी-सा सवाल किया, "बेटा यह बताओ, यहाँ अपने सीनियर सब जज साहब कौन हैं?"

मैंने कहा, "यह देखिए जी, जनाब के साथ ही बैठे हुए हैं साहब जी।" सुनकर तीनों हँसने लगे और जज साहब ने कहा, "लड़का तो समझदार है।" यह सुनकर मुझे ख़ुशी हुई थी।

"अच्छा बेटा, चलो...देखेंगे, फिर चिट्ठी भेजेंगे दफ़्तर से तुम्हें।"

मैं वकील साहब के पास अपने अड्डे पर आ गया था। दो-अढ़ाई घण्टों के बाद सेशन जज साहब का अर्दली हमारे अड्डे पर आया, "चल भई मुंशी, चल, तुम्हें साहब बुला रहे हैं...लगता है तुम्हारा काम बन गया।"

मैं फिर जज साहबानों के आगे हाज़िर था। सेशन जज साहब ने कहा, "बेटा, तुम ऐसा करो...अपना टैस्ट दो...सारे काम करके दिखाओ...यह जज साहब हैं...सुबह इनके घर तुम्हें काम करना है...अगर तुम्हारे काम ठीक हुए, फिर देखते हैं..."

"ठीक है जी सर, धन्यवाद?"

कचहरी में सबको पता चल गया कि मैं अर्दली लग गया हूँ। कचहरी में मिलने वाले जानकार आ-आकर बधाइयाँ देने लगे।

शाम को घर जाकर मैंने माँ-बापू को बताया, सरकारी नौकरी का नाम सुनकर सब ख़ुश हुए थे। मेरी माँ ने सौ-सौ आशीष दीं और बापू भी सिर पलोसता रहा था। हमारे अधपके घर में ख़ुशी पसर गयी थी। बापू ने चाव में आकर घर की बनायी शराब का पेग भी लगा लिया था। घर के सारे सदस्य बागो-बाग़ हुए फिरते थे। आज मेरी माँ ने मेरे साग वाली बाटी में दोगुना घी डाल दिया था। हमारे घर में मैं ही पहला था, जो सरकारी नौकरी पर लग रहा था।

मैं इन्तज़ार कर रहा था, कब रात हो और फिर जल्दी से सुबह हो, मैं जज साहब के घर काम पर जाऊँ।

नौकरी पर पहला दिन

दिन चढ़ा। मैं साइकिल पर चढ़ने लगा तो माँ ने गुड़ से मुँह मीठा करवाया और बोली, "वाहेगुरु तेरा शुक्र है...हमारे घर पर भी अच्छे दिनों की परछायी पड़ने लगी...सच्चे पातशाह सुख देना।"

छह बजते ही मैं साहब की सरकारी कोठी के दरवाज़े के सामने जा पहुँचा। अभी दरवाज़ा नहीं खुला था, सब सोये हुए लग रहे थे। एक टूटा-सा बेंच दरवाज़े के आगे पड़ा था, गनमैन वग़ैरा के बैठने के लिए लगता था। मैं उस पर बैठ गया और दरवाज़ा खुलने की प्रतीक्षा करने लगा। मेरा ध्यान दरवाज़े की ओर ही था कि कब दरवाज़ा खुले और मैं जाकर जज साहब को नमस्ते बुलाऊँ, अपने काम पर हाज़िर होऊँ। यह भी डर बना हुआ था कि शायद इन्हें मेरा काम पसन्द ही ना आये, फिर क्यों रखेंगे मुझे!

घण्टा गुज़रा। कोठी के अन्दर कोई जगा लगा, पर दरवाज़ा अभी भी नहीं खुला था। मैं उठा, दरवाज़े के सामने इधर-उधर घूमने लगा। फिर बेंच पर बैठ गया। बेसब्री-सी का अहसास टिकने नहीं दे रहा था।

अख़बार वाला आ गया। मैंने सोचा, अब कोई अख़बार उठाने के लिए आयेगा...शायद दरवाज़ा ही खोल दे, लेकिन कोई अख़बार उठाकर चला गया लगता था। मैं बेंच पर बैठा रहा। कुछ ही देर में दूध वाला आ गया, मैंने सोचा कि अब दरवाज़ा खुलेगा।

मोटरसाइकिल की आवाज़ सुनते ही साहब का अर्दली अन्दर से बर्तन उठाकर बाहर आ गया। यह अर्दली कोठी में ही काम करने के लिए नियुक्त था, मैंने कहा, "भइया, मुझे साहब से मिलना है...मुझे काम पर रखने के लिए बुलाया है।"

"यहीं बैठो, मैं पूछ लूँ, तुम्हारा नाम क्या है...?" वह दूध लेकर अन्दर चला गया। मुझे अब भी धुकधुकी लगी हुई थी कि मेरा काम बनेगा या नहीं...क्या पता, कोई कोठी के अन्दर जाने भी देगा या नहीं, या बाहर से ही लौटा देंगे।

"आ जाओ...साहब बुला रहे हैं आपको।" उसने आकर कहा। मैं उसके पीछे-पीछे चला गया। जज साहब अपने कमरे में थे, केसों वाली फ़ाइलें देख रहे थे। बीबी जी पास बैठी अख़बार पढ़ रही थी।

"सर जी, नमस्ते जी।" मैंने दोनों के पाँव छुए।

"हाँ, भई आ गये तुम? अच्छा बात यह है कि कुछ दिन...बीबी जी ने तुम्हारा टैस्ट लेना है, देखते हैं तुम पास होते हो या नहीं...सारे काम करके दिखाने हैं आपने...ओके...गुड लक।"

"अच्छा जी सर, जो हुक्म जी।"

बीबी मेरी तरफ़ सिर से पाँव तक झाँकीं और बोलीं, "अरे किशन इधर आ... इसे रसोई में ले जा...इससे काम करवा सारे...आज ब्रेकफास्ट यही बनायेगा... काम करवाकर देख इससे...।"

अब एक तरह से किशन ही मेरा गुरु था। मैं रसाई में उसके साथ चला गया। डर भी रहा था कि क्या पता है किशन का व्यवहार कैसा हो। "ये बर्तन साफ़ कर लो पहले!" किशन ने कहा। रात के जूठे बर्तनों से वॉश बेसिन भरी हुई थी। छोटू अर्दली भी कोठी के अन्दर ही घूम रहा था। छोटू अर्दली को बीबी जी ने कपड़े प्रेस करने के लिए कह दिया था और किशन मुझसे रसोई के काम करवा रहा था। मैं बड़े ध्यान से कूकर साफ़ कर रहा था कि कहीं ऐसा ना हो कि कोई सब्ज़ी का किनका लगा रह जाये और किशन बीबी जी को जाकर कहे, "बीबी जी, इसे तो बर्तन भी साफ़ करने नहीं आते...इसे नौकरी पर रखकर क्या करेंगे, घर भेजो... बहुत घूमते हैं इस जैसे...।"

धीरे-धीरे मैंने सारे बर्तन साफ़ करके ठिकाने पर टिका दिये। किशन ने काँच के गिलास में चाय डाली और कहा, "लो, पहले चाय पी लो।"

"नहीं, मैं तो पीकर आया हूँ गाँव से, आप पीयो भइया।" इतने में रसोई में बीबी भी आ गयी थी, "पी लो चाय बेटा पी लो...ठण्ड बहुत है।"

मैंने चाय का गिलास पकड़ लिया, थोड़ी झिझक से पीने लगा। बीबी बोली, "आटा गूँध लेते हो? पहले आटा ही गूँधकर दिखाओ आज...।"

मैंने चाय वाला गिलास रख दिया, "ना-ना...चाय पी पहले...चाय पीयो।"

"किशन, इसे परात दे दो...।" बीबी मेरे सिर पर खड़ी थीं। मैं परात में आटा छान रहा था। ठण्ड भी थी, कुछ वैसे भी मैं घबराया हुआ था, हिलती-हिलती छननी कभी परात में और कभी बाहर हो जाती तो आटा नीचे गिर जाता था, बीबी बोलीं, "ध्यान से छानो, आटा नीचे क्यों गिरा रहे हो...।"

अब आटे में पानी डालना था, मैं डर रहा था कि पानी ज़्यादा ना पड़ जाये। पानी डाला गया तो वही बात हुई, पानी ज़्यादा डल गया था। आटा पतली कढ़ी जैसा हो गया। बीबी ने कहा, "यह क्या कर दिया तुमने...अब थोड़ा सूखा आटा डालो इसमें।"

सूखा आटा डाला और मिलाया। अब ज़्यादा सख़्त हो गया था। बीबी सिर पर ही खड़ी थीं। मैंने पूछा, "बीबी जी थोड़ा-सा पानी डाल लूँ इसमें...?"

बीबी खीझीं, "बस इसी तरह खेलते रहना, कभी पतला कर लिया, कभी गाढ़ा कर लिया...तुम्हें तो आटा गूँधना भी नहीं आता, और तुम क्या...?"

मुश्किल से मैंने आटा गूँध ही लिया। यह सच था कि आटा उस दिन मैंने पहली बार ही गूँधा था और नौकरी लगने के लिए साहब के पास घर के सारे काम आने का मजबूरी और ग़रीबी के कारण झूठ बोला था।

"पराँठे कौन-कौन से बना लेते हो तुम? मेथी वाले और आलुओं वाले बनाने आते हैं तुम्हें...?"

"नहीं बीबी जी, मुझे तो गोल रोटियाँ ही बनानी आती हैं...हमारे गाँवों में पराँठे तो कम ही बनाते हैं, रोटी ही खायी जाती है बीबी जी।"

यह सुनकर बीबी भड़क उठीं, "लो, हाए हाए...कमाल की बात, सुन लो भई परांठे नहीं बनाने आते? और तुम्हें क्या आयेगा?...जी गाँवों में बनाते नहीं, और क्या बनाते हैं गाँवों में...आलू...हाए हाए?"

बीबी को बोलते सुनकर जज साहब भी आ गये, "हाँ, भई कैसा कारीगर है... चलेगा काम या नहीं...?" बीबी की 'हाए हाए' ने मेरा दिल पतला कर दिया था।

"चलेगा क्या, कहता है परांठे मुझे नहीं आते...गोल रोटियाँ ही आती हैं...लो बताओ, परांठे नहीं बनाने आते...यह क्या काम करेगा यहाँ।"

बीबी ग़ुस्से में थीं। जज साहब बोले, "कोई नहीं, कोई बात नहीं कान्ता... कोई बात नहीं, धीरे-धीरे सीख लेगा बेचारा...कोई बात नहीं...ओए किशन...तुम इसे सारा काम सिखाओ, कोई बात नहीं बेटे, परांठे बनाने कौन-से मुश्किल हैं... सीख लो।" साहब ने कुछ हौसला-सा दिया था। मेरी आँखों से आप मुहारे आँसू बहने लगे थे।

छोटू अर्दली भी पास आ गया था, वह इस बात से ख़ुश दिखाई दे रहा था कि 'नया आदमी' आया है, अब सारा काम यही किया करेगा। उसे जैसे कुछ घण्टे ख़ाली रहने से ही काफ़ी तसल्ली मिली थी। लगता था जैसे छोटू कामों का मारा हुआ फिरता था।

जज साहब और बीबी कोठी के पिछवाड़े सड़क पर सैर के लिए निकल गये। साहब का लड़का अभी सोया हुआ था। किशन मुझे अपनी कहानी बताने लगा, "जब मैं नौकरी लगा था तो ऐसे ही पास हुआ था, सारे काम ख़ुद ही आ जायेंगे... डरने की कोई ज़रूरत नहीं...तुम्हारी नौकरी लग जायेगी पक्की...तुम सारी उम्र मौज करोगे भाई...।"

पास खड़े छोटू ने कहा, "काम की क्या बात है, सब आ जायेगा अपने आप... हम सिखाएँगे काम आपको...।" छोटू मुस्कुराया।

मैं थोड़ा हौसले में हो गया।

मैं टेढ़े-मेढ़े पराँठे बना रहा था, पराँठा सीधा करने में छोटू और किशन भी मदद कर रहे थे। बीबी और जज साहब ब्रेकफास्ट करने के लिए मेज़ के आस-पास आ बैठे, साहब ने कहा, "हाँ भई बेटे, लाओ भई क्या बनाया है?"

साहब और बीबी खा रहे थे, छोटू दे रहा था, "ठीक है, धीरे-धीरे ट्रेंड हो जाओगे बच्चे...।" साहब ने कहा।

जज साहब कचहरी जाते समय बोले, 'बेटा, सारा काम ध्यान से करना है... जो नहीं आता है, छोटू और किशन से समझना...ठीक है? रोटी, पानी, चाय, जो चीज़ चाहिए, यहीं से खाना...अच्छा?'

छत पर धूप आ चुकी थी। बीबी अख़बार लेकर धूप सेंकने ऊपर जा बैठीं, ऊपर से ही आवाज़ दी, "किशन इससे काम करवाओ सारे... ख़ाली बातें ही मत करते रहना...बाड़ी में काम कर लो।"

छोटू से सारे कपड़े प्रेस नहीं हुए थे, "लाओ यार मैं करूँ कपड़े प्रेस।" मैंने प्रेस पकड़ी, किशन पास बैठ गया। छोटू रद्दी वाले बिखरे हुए अख़बार इकट्ठे करने लगा। जज साहब का लड़का उठ गया था। वह हमारे पास आ गया। उसके हाथ में 'पंजाबी ट्रिब्यून' अख़बार था। आते ही उसने हाथ मिलाने के लिए अपना हाथ मेरी ओर बढ़ाया, मैं झिझक गया। वह जज का लड़का था और मैं चपरासी था, वह भी अभी कच्चा था! ख़ैर, उसने हाथ मिलाया और बोला, "और क्या हाल है, ठीक चल रहा है? नया-नया होने के कारण आपको अजनबीपन लग रहा होगा...।"

वह हमारे पास कुर्सी पर बैठकर अख़बार पढ़ने लगा। मैंने देखा, बड़ी गौर से वह कोई कहानी पढ़ रहा था। अख़बार में 'कहानी अंक' उस दिन छपा हुआ था। मैंने लपककर कहानीकार का नाम देखना चाहा, वह बोला, "भाई पढ़ोगे तुम...?"

"नहीं जी, मैंने तो यूँ ही देखा है...कहानी किसकी लिखी हुई है? बहुत अच्छी कहानियाँ छपती हैं इसमें।"

लड़का बोला, "वरियाम सन्धू की लिखी है कहानी...मैं इसकी लिखी पढ़ता हूँ, इसमें बहुत छपती हैं।"

लड़के की यह बात मुझे बड़ी अच्छी लगी कि वो पंजाबी पढ़ता है और कहानियों का पाठक भी है। जब उसने बैठे-बैठे पूरी कहानी पढ़ ली तो मुझसे भी रहा ना गया।

मैंने पूछा, "क्यों भाई साहब, अच्छी लगी कहानी?"

"हाँ यार, बढ़िया है...मैं तो संडे के भी सारे पेपर पढ़ता हूँ, खूब लिटरेरी होते हैं...।"

"भाई साहब, आप साहित्यिक पुस्तकें भी पढ़ा करो...मैं लाकर दूँगा आपको पुस्तकें।"

"मैं पढ़ता हूँ किताबें, पड़ी हैं ऊपर मेरे कमरे में...मैं तो 'नागमणी' भी लेता हूँ, पिछली बार का मिला नहीं, ख़त्म हो चुका था, अमृता मुझे बहुत अच्छी लगती है...बहुत अच्छा लिखती है...तुम्हें भी शौक़ लगता है लिटरेचर पढ़ने का?" बातें करते हुए उसने मुझसे सवाल कर दिया था।

"हाँ जी, पढ़ने का भी शौक़ है और लिखने का भी, गाने का भी...मैं अख़बारों, पत्रिकाओं में भी लिखता रहता हूँ...एक किताब भी छपी है, अभी थोड़े दिन पहले ही रिलीज़ हुई है, संडे को भी छपता है मेरा अख़बारों में...रेडियो और टीवी पर भी जाता रहता हूँ मैं।"

मेरी बातें सुनकर लड़के का जैसे चेहरा चमक उठा, "अच्छा यार, कमाल है...मुझे भी बड़ा शौक़ है कल्चरल एक्टिविटी का...तुम्हारा नाम क्या है?"

जब मैंने अपना नाम बताया तो वह कुर्सी से उछल पड़ा, "लो यार, कमाल है, मैंने नाम तो तुम्हारा बीस बार पढ़ा है अख़बार में।"

उसने ख़ुशी-ख़ुशी फिर मेरे साथ हाथ मिलाया था। अब मेरी ख़ुशी और भी बढ़ गयी थी।

"यार तुम कैसे आ गये ऐसे वैसे कामों में...हूँ? तुम माने हुए पंजाबी के साहित्यकार हो और अब अर्दली लग रहे हो?"

लड़का हैरान हो रहा था। मैं जज साहब की सफ़ेद कमीज़ पर प्रेस चला रहा था। लड़का मेरी बाँह पकड़कर बोला, "छोड़ यार, किशन तुम करो ये कपड़े ख़ुद, आओ यार तुम, चलो तुम्हें किताबें दिखाऊँ, चलो।"

मैं उसके पीछे-पीछे सीढ़ियाँ चढ़ रहा था। लड़के ने अपनी माँ से "मम्मी यह तो लेखक है...यह तो अख़बारों में भी बहुत छपता है...मैंने पहले भी पढ़ा है,

यह बेचारा यहाँ कहाँ आ गया है...इसके क्या टैस्ट लेने हैं, कीजिए इसे पास...।"

"हाँ, लगता तो समझदार है, किशन के साथ काम करवा दिया करेगा...जज साहब को कहकर पक्के ऑर्डर करवा देते हैं...धीरे-धीरे सीख जायेगा काम सारे। काम यहाँ हैं भी कौन-से? छोटे-छोटे काम हैं।"

बीबी के यह बोल मेरे दिल में बहुत ही ख़ुशी भर रहे थे। लड़के से मिलकर तो ख़ुशी हुई ही थी, मैं तो अभी छोटी उम्र का उभरता लेखक-कलाकार था, वो भी छोटा-सा, यह लेखकपना मेरा यहाँ कितना मददगार साबित हो रहा था।

कई महीनों के बाद मेरी अर्दली की नौकरी के ऑर्डर हो गये। मुझे किशन ने बताया कि जाओ, जल्दी करो, दफ़्तर से आदेश ले लो जाते-जाते। नियुक्ति पत्र लेने के लिए मैं कचहरी गया, सुपरिंटेंडेंट ने सम्बन्धित क्लर्क से नियुक्ति पत्र लेने को कहा। मैंने एक रजिस्टर पर हस्ताक्षर किये और नियुक्ति पत्र प्राप्त कर लिया। उस चिट्ठी को मैंने बड़ी 'क़ीमती शै' समझकर हाथों में पकड़ा हुआ था। नज़दीक ही सिविल अस्पताल में मेडिकल करवाया और तुरन्त ही जाकर हाज़िरी रिपोर्ट दे दी। अब मुझे पूरी तसल्ली का अनुभव हो रहा था, आज से मैं 'सरकारी बन्दा' बन गया था। मेरा वेतन भी लग गया था आज से।

मेरे ऑर्डर जज साहब द्वारा अपनी तरफ़ से सिफ़ारिश करने पर ही हुए थे। जज साहब ने अपनी ओर से रिपोर्ट की थी, लिखा था, "यह लड़का घर के सारे काम तसल्लीबख़्श जानता है...नौकरी पर रखने के योग्य है, इसलिए इसके नियुक्ति आदेश कर देने चाहिए।"

जज साहब ने यह रिपोर्ट ज़िला और सेशन जज साहब को लिखकर भेजी थी। इस पर जल्दी ही अमल हो गया।

कचहरी से सीधा मैं 'साहब की कोठी' की ओर चल पड़ा। साहब का लड़का रिंकू बोला, "बधाई हो भई लेखक दोस्त, तुम्हारी नौकरी लग गयी है, तुम लेखक होकर भी अर्दली लगे हो, मुझे इस बात की हैरानी-सी हो रही है।"

बीबी ने कहा, "बेचारे को मुश्किल से रोज़गार मिला है, शुक्र करे भगवान का, तुम अब इसका मुँह मीठा करवाओ।"

रिंकू अन्दर से बर्फ़ी का डिब्बा उठा लाया, सभी बर्फ़ी खाने लगे। किशन अर्दली कह रहा था, "क्यों भइया, मैंने कहा था ना, आपका काम बनने वाला है, बन गया काम, चलो अच्छा हुआ, अब हमारा साथी पक्का हो गया तू।"

रिंकू बोला, "तुम्हारा साथी नहीं, मेरा भी है।"

किशन ने कहा, "भइया, आप कौन-सा यहाँ रोज़ होते हो, फिर तो ये मेरे पास ही रहा करेगा...मेरा साथी ही हुआ ना।" सभी हँस रहे थे।

रिंकू यूनिवर्सिटी में चण्डीगढ़ पढ़ता था और हफ़्ते या दस दिनों बाद माँ-बाप को मिलने आता था। अच्छी किताबें और पत्रिकाएँ वह हमेशा अपने साथ रखता। उसकी यह लगन मुझे अच्छी लगती थी। वह पंजाबी ज़बान का एक प्यारा पाठक था।

अदालत में हँसी पड़ी

दूसरे दिन सुबह रिंकू अख़बार उठाये मेरे पास आया, "ओ यार, आज तो तुम्हारे तरफ़ पार्टी हो गयी है...यह देखो, छाए हुए हो तुम।"

'पंजाबी ट्रिब्यून' अख़बार था। रिपोर्ट समेत फ़ोटो छपी हुई थी। फ़ोटो में भारत के पूर्व राष्ट्रपति ज्ञानी जैल सिंह मेरी पुस्तक 'तुम्बी दे वारिस' (जो उस्ताद लाल चन्द यमला जट्ट के शागिर्दों के बारे में लिखी हुई थी) रिलीज़ कर रहे थे, साथ मैं खड़ा था, ज़िले के डिप्टी कमिश्नर, पुलिस कप्तान और कई मन्त्री भी खड़े थे। यह रिपोर्ट पुस्तक रिलीज़ समारोह की थी, जो कुछ दिन पहले सर्किट हाउस में हुआ था।

जज साहब ने भी रिपोर्ट पढ़ी। रिंकू ने कहा, "चलो अन्दर, डैडी जी बुला रहे हैं तुम्हें।" मैं साहब के पास कमरे में गया। रिंकू भी मेरे साथ था, "ओ बेटे, तुम तो बड़े गुणी हो...तुम आगे और पढ़ाई कर लो...अब तुम्हारा नौकरी वाला काम तो हो ही गया है...पढ़ाई तुम्हारे काम आयेगी...सारी उम्र अर्दलीपना थोड़े करते रहोगे तुम... तरक़्क़ी करके बाबू बन जाओगे?"

रिंकू ने कहा, "डैडी जी, यह देखो, राष्ट्रपति के हाथ से अपनी किताब रिलीज़ करवा रहा है, कैसे खड़ा है शान से और यहाँ अर्दली लगा फिरता है...यह सब पेट का मसला है। मैं तो ख़ुद इसे कह रहा हूँ, यह आगे और पढ़े और अच्छी नौकरी लगे।"

बाप-बेटे की यह राय बहुत ठीक थी। यही राय मुझे पहले भी और कइयों ने दी थी, पर मैंने अमल नहीं किया था। बेरोज़गार घूमते हुए पहले मुंशी बना और अब अर्दली का काम मिला था। अब मैं इस राय पर अमल भी करना चाहता था। मैं और पढ़ना और आगे तरक़्क़ी करना चाहता था।

मैडम जी कभी कोई फालतू काम नहीं कहती थीं। रसोई का और बाक़ी सारा काम-धन्धा किशन और छोटू ही करते थे। अगर कहीं बाज़ार से कोई चीज़ लाने

की ज़रूरत होती तो मैं साइकिल उठाता और ला देता, या दोपहर को जज साहब का खाना लेकर कचहरी चला जाता था।

एक दिन मैंने रिंकू से कहा, "रिंकू, आप लोग मुझसे काम तो कोई लेते नहीं हो, ख़ाली बिठा देते हो...अगर ऐसा हो जाये कि मैं सुबह से शाम तक साहब के पास कचहरी में काम किया करूँ और शाम को कोठी आ जाया करूँ...ऐसे मैं कचहरी का काम भी सीख लूँगा...यह ठीक नहीं रहेगा?"

अगले दिन से ही मैंने साहब के साथ कचहरी जाना शुरू कर दिया। अदालत में साहब के साथ पहले भाना अर्दली काम कर रहा था। साहब ने भाने को मेरे पास खड़ा करके कहा, "अरे भाने, इस लड़के को आवाज़ मारना सिखाओ, आज यह आवाज़ें लगायेगा...और सारे दफ़्तर के काम भी इसे बता दो...क्या-क्या...।"

मैं अदालत के सामने आवाज़ें लगा रहा था, "चलो भई फलां बनाम फलां हाज़िर हो।" आवाज़ देकर मैं फिर जज साहब के सामने आ खड़ा होता। जज साहब अगले केस की फ़ाइल उठाते और नाम पढ़कर मुझसे कहते, "चलो भई बेटे, यह आवाज़ लगाओ अब आगे।"

भाना लँगड़ा मेरी हाज़िरी के कारण जल-भुन गया था पर साहब का हुक्म तो उसे मानना ही था। वह पेशी पर आने वाले लोगों से पैसे उगाहता था। कहता था, "लाओ निकालो यार दस का नोट...मैं तुम्हारा नाम पहले बुलवा देता हूँ।" इस तरह वह पैसे बटोरता जाता, आवाज़ तो साहब की हाज़िरी में और साहब की मर्ज़ी अनुसार या लिस्ट के नम्बरों के अनुसार ही लगनी होती थी या फिर रीडर और स्टैनो की भी बीच-बीच में मर्ज़ी चल जाया करती थी, पर भाना लँगड़ा अपना दाँव बाहर से ही लगा लेता था। वो काफ़ी पैसे बटोर लेता था और शाम तक नोटों से जेब भर जाती थी उसकी। वह बहाने से गुसलखाने में जाता और दस-दस के नोट कमीज़ के आगे वाली जेब से निकालकर तह लगाता और पैंट की पिछली जेब में रख लेता, वह डरता था, कहीं साहब पूछ ही ना लें यह इतने पैसे कहाँ से लिये फिरते हो तुम। मुझ पर वह इस बात से भी खीझने लगा था कि नया लड़का अब मेरी जगह ले रहा है, आने वाले समय में मेरे असामियों से पैसे लिया करेगा और कहीं साहब को ही मेरे बारे में उलटी-सीधी बातें जोड़-जोड़कर ना बताया करे।

जब कहीं भाना लँगड़ा मुझ पर खीझता, तो मैं आगे से हँसकर दिखा देता, तो वह और खीझ जाता...बड़बड़ाता रहता...जब वह टेढ़ी टाँगें मारकर चलता तो सारा हिलता जाता, जोकर-सा लगता भाना लँगड़ा।

एक दिन अदालत में ही बड़ा हास्य का-सा माहौल बन गया था। हुआ यूँ कि मैंने आवाज़ लगायी। कोई था बूढ़ा, उसने हरद्वार सिंह सन्धू वकील किया हुआ था। वह बूढ़ा आवाज़ सुनते ही जज साहब के सामने जा हाज़िर हुआ। साहब ने कहा, "चलो बाबा, लाओ अपने वकील को...कौन है तुम्हारा वकील?"

बूढ़ा डरता हुआ बोला, "हुज़ूर मैं तो वकील साहब का नाम ही भूल गया हूँ... फलाँ जी...फलाँ जी अब...याद नहीं आ रहा...।"

जज साहब चुप रहे, दो मिनट के बाद फिर पूछा, "कौन है वकील तुम्हारा?"

बूढ़ा हाथ जोड़कर बोला, "हुजूर...पूरा नाम तो अभी भी याद नहीं आया, वैसे जहाँ फूल डालने जाते हैं...ऐसा नाम है वकील का।"

पास खड़ा एक वकील बोला, "हरद्वार सन्धू वकील है जी।"

सभी, वकील, मुंशी और लोग हँसने लगे। बूढ़ा अपने वकील हरद्वार सिंह सन्धू के अड्डे की ओर उसे बुलाने जा रहा था। जज साहब की हँसी उनके रोकने पर भी नहीं रुक रही थी।

जज साहब की भी बदली हो गयी

कचहरी जाते हुए कुछ दिन ही हुए थे कि एक दिन जज साहब ने कहा, "तुम कोठी में ही काम किया करो...कोठी के काम के लिए रखे गये हो...कचहरी में आवाज़ें लगाने और बाक़ी कामों के लिए पुराने अर्दली होते हैं।"

साहब ने यह बात बड़े अच्छे ढंग और प्यार से कही थी।

मैंने देखा कि नये-नये भर्ती हुए अर्दलियों की कई-कई साल कोठियों में ही रगड़ाई की जाती है। अफ़सरों की सख़्त स्वभाव वाली बीवियाँ नये अर्दलियों को 'निखट्टू' और 'ढीठ' बना देती हैं। ख़ूब डाँटती हैं और इसी तरह रामू और बहादुर सिर पर चढ़ जाते हैं। 'कहना मोड़ना नहीं, पत्ता तोड़ना नहीं' वाली कहावत के धारणी बन बैठते हैं। ख़ैर!

मैं सारा दिन कोठी में ही रहता था। कई बार कुछ लिख रहा होता तो किशन अर्दली सिर चाटने लगता, "भाई, तुम यह कहानियाँ लिखते रहते हो, इसका कुछ फ़ायदा भी होता है आपको...यह कहानी पहले आपको याद होती होगी...तभी लिखते हो या फिर जोड़-जोड़कर लिखते रहते हो...?"

मैं इधर-उधर की बातों से किशन के सवालों के टूटे-फूटे से जवाब दे देता।

एक दिन बीबी ने रहस्य खोला, कहने लगीं, "कचहरी के लिए तुम्हें सेशन जज ने ही मना किया है...उन्होंने अपने जज साहब को कहा है कि इससे अभी कोठी में ही काम लो और घर के कामों में पूरा-पूरा ट्रेंड करो...इतनी जल्दी कचहरी में क्यों ले आये हो...तभी अपने जज साहब ने तुम्हें कोठी भेजा है।"

"बीबी जी, मुझे तो काम करना है...कोठी में हो या कचहरी में...जैसा हुक्म होगा, करता जाऊँगा।"

रिंकू यूनिवर्सिटी से आया। बहुत ख़ुशी से मिला। सुरजीत पातर की किताब बैग से निकालता हुआ बोला, "यह देखो, मैंने कल ही ख़रीदी है...तुमने तो पहले ही पढ़ी होगी...अब मैं पढ़ूँगा।"

रिंकू में अकड़ बिल्कुल नहीं थी। यह अच्छी बात थी कि एक बड़े अफ़सर का लड़का साहित्य और कलाओं की ओर रुचित था, नहीं तो आमतौर पर देखने में आता है कि बहुत बड़े अफ़सरों के लड़के-लड़कियाँ बिगड़े हुए होते हैं, साहित्य और कलाओं से दूर का वास्ता भी नहीं रखते। फिर पंजाबी साहित्य के साथ? सो, यह बात बड़ी अच्छी थी कि रिंकू का साहित्य के साथ नज़दीकी लगाव था। बड़ी बात यह कि लड़का हो जज साहब का, और यार बनाये एक अर्दली को?

रविवार था। साहब आज घर में ही थे। आँगन में कुर्सियाँ लगाकर धूप सेंकने लगे। बीबी भी पास बैठी थी। साहब कहने लगे, "निंदर बेटे, इस बार की बदलियों में मेरी भी बदली होगी...हमें यहाँ तीन साल हो गये हैं...हमारे बाद तुम जिस भी जज साहब के पास काम करोगे, अच्छी तरह करना, नौकरी पक्की है हटाते नहीं...अब कचहरी में थोड़ा समय रुक कर ले जायेंगे...उतनी देर कोठी में रहना पड़ेगा तुम्हें, हमसे जितना हो सका, तुम्हारा भला किया है...आगे दूसरा अफ़सर भी अच्छा ही मिलेगा...यह कोई गारंटी नहीं होती...और सारे अफ़सर एक जैसे भी नहीं होते... बाक़ी तुम समझदार लड़के हो...जैसे भी हो, समय निकालते जाना अपना।"

जज साहब की बदली होने वाली बात मुझे उदास कर गयी थी। बदलियों में अभी तीन महीने से ज़्यादा का समय था पर साहब ने मुझे पहले ही बताकर चिन्ता में डाल दिया था।

बीबी जी ने कहा, "तुम्हारी बदली यहाँ से हो नहीं सकती...नहीं तो हम तुम्हें अपने साथ ही ले जाते...चलो, वैसे हमें मिलने आ जाया करना...रिंकू तुम्हारा दोस्त है।"

एक दिन सुबह पंजाबी का अख़बार देखा। जजों की बदलियों के सूची छपी हुई थी। साहब का नाम भी शामिल था। बदली हमारे शहर से ज़्यादा दूर नहीं हुई थी, पास ही हुई थी। बस में डेढ़ घण्टे का सफ़र था। मुझे इस बात से भी हौसला हुआ कि चलो नज़दीक ही तो है...जब मन करेगा, जाकर मिल आया करूँगा।

दो दिनों बाद साहब अपनी नयी जगह पर जाने की तैयारी करने लगे। ट्रक पर लदवाने के लिए सामान सँभाला जाने लगा। सामान ढोने के लिए कचहरी से और प्यादे-अर्दली भी आये हुए थे। साहब का नाज़र (दफ़्तरी बाबू) ट्रक का प्रबन्ध करके लाया था। सारा सामान लाद दिया गया था।

मेरा उतरा हुआ चेहरा देखकर जज साहब फीका-सा मुस्कुराये। बीबी जी ने कहा, "आज तो तुम हमारे साथ ही चलना है...मुँह क्यों लटकाये फिरते हो, वहाँ

रिंकू भी आयेगा, वह चण्डीगढ़ से सीधा आयेगा...उसे मिल आना...साथ जाकर सामान पहुँचा आना।

मैं ट्रक की अगली तरफ़ बैठा हुआ था...साथ दो प्यादे और भी जा रहे थे। बीबी जी और जज साहब कार में थे। ट्रक के पीछे-पीछे कार धीरे-धीरे आ रही थी।

ठिकाने पर पहुँचे। यहाँ से जो जज बदला था, वो अभी दो दिन पहले ही कोठी ख़ाली करके गया था। साहब और बीबी जी ने उतरकर पहले सारी कोठी में घूमकर देखा। मैं भी साथ-साथ घूम रहा था। सामान उतारा गया, अभी उतारकर बैठे ही थे कि रिंकू भी कँधे पर बैग लटकाएँ आ गया। दूसरे सारे अर्दलियों ने उसने नमस्ते बुलायी थी और मुझे वह गले मिला था, "ओए निंदरा, तुम भी आये हो यहाँ।"

रिंकू ख़ुश था। दूसरे अर्दलियों, ट्रक वालों और मैंने भी अब वापस लौटना था क्योंकि अब वहाँ की कचहरी के मुलाजिम साहब का सामान टिकाने के लिए हाज़िर हो गये थे। रिंकू कह रहा था, "निंदर...तुम मत जाओ, मैं तो तुम्हारे लिए दो किताबें लाया हूँ, यह देख।"

उसने बैग से शिव की 'लूणा' और 'मेरा दागिस्तान' किताबें निकालीं। मेरा नाम लिखकर और नीचे अपने दस्तख़त करके मुझे भेंट कर दीं।

जज साहब ने भी कह दिया, "तुम सुबह जाना...आज तो रहना पड़ेगा... रह लो।"

शाम हुई, मैं और रिंकू बाज़ार निकल गये।

अब मुझे यह चिन्ता सताने लगी कि अगला जज और बीबी-बच्चे कैसे मिलेंगे? कोई तंग करने वाले ही ना आ जायें। मैं सोचता हुआ कोठी के पीछे बने नौकर वाले कमरे में सो गया।

सुबह रिंकू मेरे रोकने के बावजूद ज़िद से मुझे बस में चढ़ाने आ गया था, मैंने बहुत रोका था पर वह मेरा दोस्त था। मैं बस की आगे वाली सीट पर उदास-सा बैठा था। बाहर खड़े रिंकू का चेहरा भी उतरा हुआ था। उसकी भेंट की हुई किताबें मैंने गोद में रखी हुई थीं।

बस चल पड़ी थी। हमने एक-दूसरे को टा-टा बुलायी और उदासी से मुस्कुराये थे। मेरी आँखों से आँसू बरस पड़े।

अब नये साहब की सेवा में

बीच वाले दो दिन मुझे गाँव रहने को मिल गये थे। साहब, बीबी जी और रिंकू याद आते रहे थे। चिन्ता सताती रही कि अगले जज साहब पता नहीं किस तरह के होंगे, अच्छे या बुरे।

कचहरी आने पर पता चला कि आज नये जज साहब ने आना है और सेशन जज साहब के पास जॉइनिंग रिपोर्ट देनी है। नया साहब रात को ही रेस्ट-हाउस में आकर ठहर गया था। मेरे को रीडर ने बोला कि तुम भी वहाँ जाओ, सर से मिलो। झिझकता हुआ अन्दर गया और 'सत श्री अकाल' बुलायी। साहब के पास सुपरिंटेंडेंट बैठा हुआ था। उसने साहब को बताया, "सर जी, यह आपका सेवादार है...निंदर कुमार।"

"अच्छा-अच्छा।" साहब ने मेरी ओर देखा, तो मैंने दोनों हाथ जोड़े। लम्बे और पतले सरदार, दाढ़ी पर जाल चढ़ाया हुआ, सफ़ेद ऐनक, सफ़ेद पैंट-शर्ट, काला कोट और काली टाई लगायी हुई थी। साहब कचहरी जाने के लिए तैयार थे। साहब अभी अकेले ही आये थे। सामान वग़ैरह और बीबी जी को अभी लाना बाक़ी था।

"किते समय की सर्विस हो गयी तुम्हारी?" मेरे को बोले।

"सर, चार महीने ही हुए हैं, नया लगा हूँ।" डरते हुए कहा।

"किसने लगवाया तेरे को?"

"जनाब...पहले वाले साहब जी ने...वही मेहरबान हुए थे।"

"काम सारे जानते हो, रोटी, दूध दोहना, खेती की गुड़ाई?"

साहब मेरी ओर सफ़ेद ऐनकों में से आँखें फाड़-फाड़कर देख रहे थे। सारे सवालों के जवाब जैसे एक ही साँस में माँग रहे हों।

मैंने "हाँ जी, सर जी..." कहा।

जज साहब की आवाज़ रौब वाली थी। जिस तरह वह पूछताछ कर रहे थे,

उससे ऐसा लगता था जैसे वह स्वभाव के गर्म और जल्दबाज़ हैं। और मैं पहली बार ही तो मिल रहा था, वाह! वास्ता तो अभी पड़ना बाक़ी था। पर पहली बार ही ऐसा लग रहा था कि...कसर पूरी करने वाले साहब हैं।

स्टैनो और रीडर भी आ गये थे। सुपरिंटेंडेंट ने उनकी भी जान-पहचान करवायी। साहब की ओर से बैठने का इशारा होने पर वे एक तरफ़ सहमे-सहमे सोफ़ों पर बैठ गये। मैं सामने खड़ा 'अगले हुक्म' की प्रतीक्षा कर रहा था।

"अच्छा फिर अब तुम ख़ाली ही हो...मैं तो आज वापस लौटूँगा...अभी आने में तीन-चार दिन लग जायेंगे...मैं कोठी देख आया हूँ...वहाँ आप सफ़ाई वग़ैरह करो उतने दिन...। कोई कसर मत छोड़ना।"

"अच्छा जी सर।" मैं साहब के पाँव छूकर बाहर आ गया।

कोठी बहुत बड़ी थी, महाराजा के बड़े रेस्ट हाउस को तीन हिस्सों में बाँटा हुआ था और ये हिस्से जजों के रहने के लिए कोठियाँ बन गये थे।

किशन अर्दली मुझसे पहले ही साहब के दर्शन कर गया था। साहब ने उससे भी यही कहा था, "कोठी की सफ़ाई वग़ैरह करो...।"

किशन का घर साहब की कोठी के पास ही था। मैंने साइकिल किशन के घर की ओर मोड़ ली। वह घर के बाहर ही खड़ा था, बोला, "क्यों? मिल आये साहब को...मुझे तो नये साहब का सुझाव कुछ नहीं लगता...अजीब-सा लगता है अड़ब-सा...चलो हमने क्या लेना, काम ही तो करना है, कर लेंगे...जैसा भी हुआ, ठीक है...।"

किशन ने स्वीपर को कहकर कोठी के कमरे और बरामदे साफ़ करवाये। मेरे करने के लिए कोई काम बाक़ी नहीं था। सुपरिंटेंडेंट ने मुझे अपने पास बुलाया और कहा, "जितने दिन तुम्हारे साहब नहीं आते...उतने दिन तुम मेरे पास ड्यूटी कर दिया करो।" मैं सोचने लगा कि कमाल का सिस्टम है ये?

मैं तीन दिन गया। चौथे दिन सुबह सुपरिंटेंडेंट ने कहा, "ओ काका, आज तुम्हारे साहब आ रहे हैं, सामान भी आ रहा है...उनका फ़ोन आया था, तुम कोठी चलो, वहाँ जाकर देखो काम...आने वाले ही होंगे साहब तुम्हारे, चलो भाग जाओ कोठी..."

किशन कोठी में पहले ही टहल रहा था, "अरे आ जा, आ रहा है साहब...पता है तुम्हें क्या?"

करने वाला काम भले ही कोई नहीं था, मैं और किशन प्याज़ों की क्यारियों से सफ़ेदों के पत्ते चुनने लगे। किशन ने बात शुरू की, "मेरी नौकरी हो गयी है सात साल की...हमने ना किसी का रौब सहा है, ना सहेंगे...तीन-चार जज मेरे सामने गये हैं, अगर अफ़सर बुरा हुआ, तो हम बुरे नहीं हुए। हम अच्छे ही रहे हैं...कोई कुछ करता रहे...अफ़सर का क्या है, कभी नरम, कभी गरम...मैं तो तुम्हें यही कहता हूँ कि अपने काम पूरे रखो, बाक़ी इनकी औरतों ने तो अपनी इधर-उधर की मारते रहना होता है...बीबियाँ तो सारा दिन टोकने और ग़लतियाँ निकालने के लिए बैठी रहती हैं, पहले वाली बीबी जी भी जब आयी थी तो छोटी-छोटी बात पर खीझती थी...हम सीधे रहे, वह भी अपने आप सीधी हो गयी। वैसे अच्छे थे जज साहब भी, रिंकू भी तुम्हारा दोस्त बन गया था, अपने साथ तो बेचारे अच्छे ही रहे हैं।"

शाम होने से पहले जज साहब आ गये। सामान भी आ गया। कचहरी से प्यादे और अर्दली सामान उतारने के लिए बुलाये गये। रीडर, नेब कोट, स्टैनो तथा अहलमद भी आये हुए थे। साहब अकेले ही आये थे। साथ घर का कोई और सदस्य नहीं था। कार का ड्राइवर और गनमैन कार को कोठी के अन्दर खड़ी करके वापस अपने ठिकाने पर जाने के लिए बस में चढ़ गये। यहीं से साहब के पास सुभद्र दो नये गनमैन आ जाने थे, जो अपने गाँवों को गये हुए थे। कारें तो सरकारी ही थीं, जो पहले थे, बारी-बारी से सभी जजों को घर से लेने और छोड़ने का काम करते थे।

रीडर और स्टैनो भी साहब से आज्ञा लेकर अपने-अपने घर चले गये। मैं और किशन रसोई के काम में लगे हुए थे। साहब कुर्ता-पायजामा पहनकर फुलवाड़ी में टहल रहे थे।

किशन धीरे-से बोला, "भाई, अच्छा नहीं लग रहा यह...अड़ब मुर्ग़ा-सा लगता है साहब।"

"अरे बेवकूफ़, अभी-अभी तो आया है...धीरे-धीरे ही पता चलेगा...अपने साथ इतनी जल्दी कैसे खुल जाये? फिर भी जज है...तुम नहीं समझते बात को...।"

थोड़ी देर में साहब हमारे पास ही आ गये, "फुलवाड़ी तुम्हारी अच्छी है... बहुत सब्ज़ियाँ लगायी हैं...कौन करता है बाड़ी में काम?"

"हम दोनों ही करते हैं...कभी यह कभी मैं जी।" मैं बोला था।

"तुम कहाँ से हो?"

"सर, मेरा गाँव पास ही है जी।"

"तुम किशन कहाँ रहते हो?"

"मेरा तो सर कवार्टर है सरकारी...वो दूसरी तरफ़ वाली लाइन में है।"

"अच्छा...तुम गाँव जाते हो रोज़ ही...?" साहब ने मुझसे पूछा।

"हाँ जी सर...रात को आठ बजे जाता हूँ...ग्यारह-बारह किलोमीटर है... साइकिल पर कोई देर नहीं लगती जी सुभद्र होते औट आता हूँ।"

"अच्छा-अच्छा।" कहकर साहब अपने बेडरूम की ओर चले गये। थोड़ी देर बाद उन्होंने मुझे स्वयं ही कहा, "तू चला जा अब...रात हो गयी...सुबह कितने बजे आओगे तुम?"

"सर जी, हुक्म दो...।"

"तुम आकर ब्रेकफास्ट बनाना...चाय सुबह किशन बनायेगा...तुम जाओ अब।"

मैंने साइकिल उठायी और गाँव को चल पड़ा। सोच रहा था कि अब तो साहब अच्छा-अच्छा-सा लग रहा है, ख़ुद ही घर भेज दिया है मुझे। साहब की आवाज़ वैसे ही भारी लगती है। ऐसे तो कई आदमियों की आवाज़ प्राकृतिक तौर पर होती है। साहब की भी ऐसे ही होगी, जिन व्यक्तियों की आवाज़ भारी हो, उनका स्वभाव बहुत अच्छा होता है, ऐसा ही साहब का होगा।

अपने आप से बातें करता हुआ मैं काफ़ी रात गये घर पहुँचा।

जब साहब को सुनायी तुम्बी

तुम्बी बजाने या कुछ लिखने-पढ़ने का अब कोई वक़्त नहीं मिलता था। वैसे मन बहुत करता था कि तुम्बी बजाऊँ और ऊँची-ऊँची हेक लगाकर लोकगीत गाऊँ। कभी-कभी मुझे लगता, जैसे मेरी तुम्बी मेरे साथ नाराज़ हो गयी है, मेरी क़लम मुझसे छीन ली गयी है। मेरा इकतारा (तुम्बी) और मेरी क़लम मुझसे दूर कहीं किसी जंगल की ओर चले गये हैं।

अफ़सर किस्म के ज़्यादातर लोग साहित्य और कलाओं वाले लोगों को फिज़ूल-सा समझते हैं, अफ़सर लोगों को कला से कोई प्यार या लगाव नहीं होता। यह बात मैं भली-भाँति समझता था और इसलिए मुझे अपनी कलाकारी या साहित्यकारी जज साहब के सामने घोटते फिरने का कोई फ़ायदा नहीं था और ना ही मैं इसके बारे में जज साहब को कुछ बताना ही चाहता था।

रविवार था। शहर में साहित्य सभा की एकत्रता थी। मैं वहाँ जाना चाहता था। इस सभा की मीटिंगों और समारोहों में मैं बहुत वर्षों से आता-जाता था। यहाँ लेखक इकट्ठे होते, एक-दूसरे से मिलते, चाय पीते और फिर मिलने का इकरार करते घरों को लौट जाते। मैंने किशन से कहा, "यार आज काम इतना है नहीं, मैं साहित्य सभा की मीटिंग में जाऊँ?"

"वहाँ जाकर क्या करते हैं, मुझे भी बताओ...तुम पहले भी वहाँ जाते हो हर महीने...।"

मैंने बताया, "वहाँ लेखक इकट्ठे होकर अपनी-अपनी रचनाएँ पढ़ते हैं...फिर उन पर विचार-चर्चा करते हैं...तुम्हें भी कभी दिखा देंगे साहित्य सभा की मीटिंग... आज़ मुझे जाने दो...जाऊँ?"

"जाने को तो जाओ...मगर साहब से पूछकर जाओ...मेरी ओर से तो छुट्टी है आपको।"

जज साहब से तो पूछना ही था। वह अपने बेडरूम में थे। मैंने जाकर अर्ज

किया, "जनाब जी, मुझे दो घण्टे के लिए जाना है...यहाँ हमारी साहित्य सभा की मीटिंग है...।"

"तुम वहाँ जाकर क्या करोगे? पहले भी जाते हो या पहली बार जा रहे हो...?"

"हाँ जी सर...पहले भी जाता हूँ जी...शौक़ है जी मुझे वहाँ जाने का... सर जाऊँ मैं?"

"जाओ चले जाओ...जल्दी लौटना।"

साहब से छुट्टी मिल गयी और मैं साहित्य सभा की मीटिंग में ख़ुशी-ख़ुशी गया। रचनाएँ सुनीं, मैंने कुछ ना सुनाया। लेखक दोस्त मिले। मीटिंग ख़त्म होने पर सीधा कोठी आ गया। साहब ने पूछा, "अरे तुमने वहाँ क्या किया आज?"

"सर जी, वहाँ लेखक आये थे, मुझे भी कुछ ना कुछ लिखने-पढ़ने और सुनने-सुनाने का शौक़ रहता है...तभी तो जाता हूँ जी।"

"मुझे तो यह भी पता चला है कि तुम गा भी लेते हो।" साहब मुस्कुराये।

हुआ यूँ था कि मेरे जाने के बाद किशन ने साहब को सब कुछ बता दिया था। मेरी तुम्बी के बारे में भी।

"क्या गाते हो भई निंदर तुम? तुम्बी पर गाते हो?"

"हाँ जी सर, तुम्बी पर...तुम्बी मुझे मेरे गुरु उस्ताद लालचन्द यमला जट्ट जी ने दी थी...मेरे पास है...गाँव रखी हुई है घर में।" मैंने कुछ उत्साह से बताया।

"अच्छा, कल लेकर आना तुम्बी...तुम्हारा गायन सुनेंगे।"

मुझे इस बात की कुछ-कुछ तसल्ली हुई थी कि साहब मेरी कला की क़द्र करने वाला लगता है, जो इतना कुछ पूछ रहा है। जब किशन इधर हुआ तो मैंने कहा, "अरे, तुमने क्यों साहब को बताया ये सब कुछ...?"

"मैं क्यों बताने वाला था...साहब ने ख़ुद ही पूछ लिया कि यह मीटिंग में आज ही गया है या पहले भी जाता है...मैंने कह दिया जी पहले से ही जाता है और कहानियाँ और लेख वग़ैरह लिखता रहता है...यमला जट्ट के गीत भी गाता है... भला यह बताने में तुम्हारी शोभा कम हो गयी क्या?" किशन ख़ुश हो रहा था।

दूसरे दिन जब मैं गाँव से चलने लगा तो तुम्बी झोले में डालकर साइकिल के आगे टाँग ली। आज तुम्बी मेरे साथ थी और मेरा मन इस बात से प्रसन्न था।

कोठी पहुँचा। किशन ने साइकिल से उतरते ही पूछा, "क्यों भाई, लाये हो आज तुम्बी? साहब आज तुमसे गीत सुनेंगे।"

"तुम चुप रहो, जब साहब कहेगा, देखा जायेगा...अभी क्या है सुबह-सुबह गीतों को...।"

साहब बाड़ी के पास बैठे अख़बार पढ़ रहे थे। 'सत श्री अकाल...' कहता हुआ मैं आगे निकल गया था। अभी साहब ने चाय पीनी थी। किशन भला कहाँ चुप रहने वाला था। चाय का कप देने गया तो साहब के कान में फूँक मार आया, "सर जी, निंदर गाँव से अपनी तुम्बी लाया है।"

साहब की आवाज़ आई, "ओए...यहाँ खड़ा क्या कर रहा है...यहाँ आ...ला अपनी तुम्बी दिखा मुझे कैसी है...।"

मैंने झिझकते हुए तुम्बी झोले से निकाली और साहब के सामने जा हाज़िर हुआ। लाल रंग की तुम्बी के साथ हरे रंग की लोगड़ी का फूल भी लटक रहा था।

"सर जी, यह मेरे गुरु यमला जी की बख़्शीश है जी...वो तुम्बी के बादशाह थे...।"

मैंने तुम्बी की तार पर उँगली मारी...तुम्बी टुनकी...टुन...टुन...टुन....! जैसे उसकी मीठी-सी टुनकार से बगीची की फूल-पत्तियाँ भी महक उठी हों। तुम्बी पर उँगली का पोर लगाया, साहब की आँखें चमकीं, पास खड़ा किशन भी बागो-बाग़ हो रहा था।

"ओ सुनाओ भई कोई गीत अपने उस्ताद यमले जट्ट का।" साहब ने चाय का अन्तिम घूँट भरा और कप नीचे रख दिया। सुबह की ठण्डक में मैं गीत गाने लगा :

सतगुर नानक आ जा
दुनिया नूं दीद दिखा जा संगत पई पुकारदी
तेरे हथ विच्च चाबी ओ दाता
सारे संसार दी
सतगुरु नानक आ जा...

मैं गा रहा था। जज साहब आँखें बन्द करके झूम रहे थे। तुम्बी की मीठी-मीठी टुनकार जैसे साहब को अन्दर तक गहरे आनन्दित कर रही थी। मुझे ऐसा लगा जैसे मैं सच्चे दिल से एकसुर होकर बाबा नानक को आवाज़ें मार-मारकर पुकार रहा होऊँ :

अज्ज पंजा ते ननकाणा
नज़रां तों दूर ने
तेरी दीद दी खातर बाबा
अक्खियाँ मजबूर ने
आ, यमले जट्ट दी तुम्बी
तैनूं वाजां मारदी
सतगुर नानक आ जा...

गीत ख़त्म हुआ...साहब मुस्कुराया, "ओए बच्चे, तुमने तो कमाल कर दी... तुमने यहाँ अर्दली लगकर क्या लेना था ओए? तुम ऐसे ही स्टेजों पर गाओ गाने... बहुत पैसा है...तुम्हारे पास तो कला ख़ूब है।"

"सर जी, इस तरह की कला की क़द्र नहीं है आज के ज़माने में...स्टेजों पर धतकड़ा डाल-डालकर और चीखें मार-मारकर गाने वालों की ज़्यादा पूछ है, तुम्बी वालों बेचारों को कौन पूछता है जी...कोई नहीं पूछता जी।"

साहब मेरी बात सुनकर हँसने लगा, "हाँ...तुम्हारी बात तो ठीक है...आजकल लांगड़-जूंगड़-सा गाते हैं...ओ हाँ सच...तुम्हें यमले जट्ट का वो गीत आता है... सतगुर नानक तेरे रंग न्यारे ने।"

"हाँ सर जी, सतगुर नानक तेरी लीला न्यारी ऐ...गीत आता है जी...बहुत मशहूर है जी यह गीत...जगह-जगह बजता है आज भी गाँवों में।"

मैं गीत गाने लगा। गीत ख़त्म हुआ। साहब ने गीत की व्याख्या करनी शुरू कर दी, "भाई यमले जट्ट ने ठीक ही लिखा है...बाबे नानक की लीला न्यारी ही है... सारी दुनिया गौर से देखती फिरती है...ओए बेटे, तुमने चाय पी ली थी...भला?"

"हाँ जी सर...पी ली थी।"

"अच्छा फिर करो काम तुम...मैं ज़रा सैर कर लूँ...आज कचहरी भी जल्दी जाना है...काम काफ़ी है।" कहते हुए जज साहब टहलने लगे।

मैं और किशन रसोई में आ गये थे। किशन शोर मचा-मचाकर ख़ुश हो रहा था, "क्यों भई देखा, कितना ख़ुश हुआ साहब तेरे गीत सुनकर...तुम तो डर रहे थे साहब से...।"

मैं भी इस बात से ख़ुश था। बड़ी देर बाद मैंने गाया था...सुकून-सा मिल गया था अपने आप को।

थोड़ी देर बाद साहब भी अन्दर आ गये, "ओ निंदर...यह अपनी तुम्बी यहीं रख छोड़ो...गाँव ना ले जाना इसे...बड़ी टुनकती है टुंग-लुंग करके तुम्हारी तुम्बी।"

मैंने तुम्बी वहीं रख दी। यह बात बहुत ही अच्छी हुई थी।

क्योंकि घर में तुम्बी बेचारी ख़ाली पड़ी थी, अब यहाँ हाथ सीधे हो जाया करेंगे, साहब ने तुम्बी वहाँ रखवाकर बात ख़ुद ही बहुत बढ़िया कर दी थी।

दूसरे दिन साहब ने फिर एक गीत सुना था और शाबाशी दी थी।

एक दिन शाम को साहब कहने लगा, "ओ निंदर...आज कोई गीत ही सुना दे यार...यमले जट्ट का।"

मैं तुम्बी पकड़कर हाज़िर था। गीत के बोल थे :

तेरे नीं करारां मैनूं पट्टेया
दस मैं की प्यार विच्चों खट्टेया

साहब झूम रहे थे। आज उन्होंने अपना मूड भी बनाया हुआ था। मूड तो वह हर शाम को बनाते ही थे। गीत ख़त्म हुआ, वह उठकर साथ वाले कमरे में गये, और पेग लगा आये। कुर्सी पर बैठे हुए बोले, "चल भई यमले जट्ट के चेले... और सुना दे अब..."

मैं गा रहा था :

ठण्डी ठण्डी वा चन्ना
पैंदीयाँ फुहारां वे
आ जा मेरे चन्ना
जिंद तेरे उज़्ों वारां वे

साहब को जैसे और ही मस्ती चढ़ती जाती थी। वह ख़ूब दाद दे रहा था, "ओ वाह भई निंदर...ओ भई बेटे तुमने तो कमाल कर दी...ओ वाह-वाह।"

गीत ख़त्म हुआ, वह अन्दर गया और पेग लगा आया। मैं लगातार पाँच गीत गा चुका था। तुम्बी भी ख़ूब टुनकी थी। बीच में किशन ने "जनाब जी, सब्ज़ी तो बन गयी...रोटी कब बनाऊँ...बताओ जी...?"

साहब चिढ़ गया, "न तुमने इतनी जल्दी जाकर कौन-सी बारात लेकर जाना है? तुमने तो यहीं घूमना-फिरना है...निंदर ने अपने गाँव जाना है...तुम पहले जाने को तैयार हुए बैठे हो कुत्ते कहीं के।"

बोलते-बोलते जज साहब कुर्सी से उठ पड़े। मैंने तुम्बी झोले में डाल ली। झोला किल्ली पर टाँग दिया तुम।

जज सहब अन्दर से ही बोले, "ओ तुम्बी वाले...तुम अब जाओ अपने गाँव... सुबह जल्दी आ जाना तुम।"

"अच्छा जी सर।" कहकर मैं साइकिल लेकर गाँव को जाती अँधेरी कच्ची सड़क पर हो लिया, मेरी साइकिल रेल बनी जा रही थी, मैं उस्ताद जी का गीत गा रहा था :

मैनूं लै चल नदियों पार
घड़े दे अगगे हत्थ जोड़दी।

साहब की नज़रों में मैं 'मरासी' बन गया!

कई बार मैं सोचता, साहब मेरी कला का क़द्रदान है, जब मैं गाता हूँ तो ख़ुश हो-होकर शाबाशी देता है। इस तरह मैं हौसले में हुआ रहता हूँ।

एक दिन किशन कहने लगा, "भई, मैं तो अब दो महीने की छुट्टी जाऊँगा... तुम अकेले ही रहोगे यहाँ...साहब तुम्हें गाँव भी नहीं भेजेंगे...सारा काम तुम्हीं करोगे।"

मैंने कहा, "काम को यहाँ कौन से बैल जोड़कर ज़मीन जोतनी है...जो कहेगा साहब करता जाऊँगा...तुम दो महीने की जगह भले ही छह महीने की छुट्टी ले जाओ।"

किशन की बहन ने अपना नया घर बनाना था। छुट्टी भी किशन की बहुत जमा हुई थीं। इसलिए दफ़्तर उसे छुट्टी से ना नहीं कर सकता। किशन छुट्टी चला गया, मैं रह गया अकेला।

साहब का हुक्म हुआ, "तुम उतने दिन गाँव जाना बन्द कर दो, जितने दिन किशन छुट्टी काटकर नहीं आता, उतने दिन कोठी में रहना है।"

मैं कोठी में ही रहने लगा। कचहरी में आवाज़ें मारने के लिए उतनी देर किसी और अर्दली की ड्यूटी लग गयी थी, उसका काम सिर्फ़ कचहरी में ही था। वह कोठी नहीं आता था। कोठी में अब मेरा काम ही था।

मैं सुबह-सवेरे उठता। साहब के लिए चाय बनाता। फिर साफ़-सफ़ाइयाँ करता, ब्रेकफास्ट तैयार करता, कपड़े प्रेस करता, बूटों पर ब्रश मारता, साहब की पगड़ी की पूणी करवाता, साहब को कचहरी भेजकर फिर प्याज़ों की क्यारियों में से पॉपुलरों और सफ़ेदों के गिरे पत्ते चुगने बैठ जाता।

साहब आँगन में गिरे पॉपुलरों के पत्ते देखकर बहुत खीझते, "ओए...एक भी पत्ता नहीं दिखाई देना चाहिए मुझे।"

मैं सारा दिन पत्ते चुगता रहता, पॉपुलर पत्ते फेंकते रहते, थोड़ी-सी हवा चलती, ढेर सारे पत्ते पूरे आँगन में बिखर जाते।

आँगन गिरे हुए देखकर एक दिन साहब ने कहा, "ओए बात सुन, मेरे बाद घर में कोई काम-धँधा भी कर लिया कर...क्या करते हो मेरे बाद...बताओ मुझे... यह तुम्बी ही ना टुनकाते रहा करो...काम बहुत पड़े होते हैं।"

बीस-पच्चीस दिनों में ही साहब का स्वभाव मुझे कुछ-कुछ बदलता हुआ लगा। यूँ ही छोटी-छोटी बात पर साहब खीझने लगा था। एक दिन कहने लगा, "ओए निंदरी-जिन्दरी, झाड़ू नहीं मारा...आज तू ख़ाली बैठा क्या करता रहा...?"

मैंने स्वाभाविक ही कहा, "साहब, झाड़ू ढूँढ़-ढूँढ़कर थक गया मैं...मिला नहीं...सर, आपने तो नहीं देखा कहीं पड़ा हुआ?"

यह सुनते ही साहब बहुत खीझ गया, "मुझे झाड़ू पूछते हो? मैं झाड़ू की चौकीदारी करता हूँ यहाँ? मैं यहाँ झाड़ू सँभाला करूँ तुम्हारे? मुझसे झाड़ू पूछता है मूर्ख...?" साहब को खीझा हुआ देखकर मैं खिसक गया।

x x x

फिर दोपहर को प्याज़ों की क्यारियों में पत्ते चुगने बैठ गया। साहब सिर धोकर हटा था। आँगन में धूप में कुर्सी पर बैठकर बाल सुखा रहा था। मैंने पज़ों की टोकरी भरी और उठा। बिना सोचे-समझे ही साहब से पूछ बैठा, "सर जी, पहले जिस खड्डे में पत्ते फेंका करता था, वो तो भर गया...अब कहाँ फेंकूँ पत्ते?"

यह सुनकर साहब को जैसे आग लग गयी, "मेरे सिर पर फेंक! पागल... अक्ल का मारा हुआ साला...मुझे पूछ रहा है...कहाँ फेंकूँ पत्ते...बाहर फूँको इन्हें? करता क्या है...मैंने फेंकने हैं ये पत्ते...उल्लू साला...?"

साहब से झिड़कें और गाली खाकर कोठी से बाहर आ गया और टोकरी उसी गड्ढे में ला फेंकी। गड्ढे में टोकरी फेंकते हुए मेरे मुँह से निकल गया, "लो फेंक दिये तुम्हारे सिर में पत्ते सर...।"

पता नहीं क्यों, साहब का स्वभाव दिन-ब-दिन चिड़चिड़ा ही होता जा रहा था। मैं चुप-चुप रहने लगा था। साहब मतलब से ही, संक्षेप में बात करता, कभी गीतों या तुम्बी की कोई फ़ालतू बात नहीं करता था। मैं सोचता, साहब को कोई घरेलू टेंशन होगी। बीबी झगड़ती होगी, या यहाँ नहीं आ रही होगी, या कोई और घरेलू मसला होगा। हर समय मुँह ही फुलाये रखता है।

रात के साढ़े दस बज गये, साहब अपने बेडरूम में पेग लगाता, मूड बनाता रहा। अभी तक सब्ज़ी-रोटी तैयार करने का कोई हुक्म नहीं हुआ था। मैं हुक्म के इन्तज़ार में बैठा था। साहब ने रोटी के लिए ऑर्डर इसलिए नहीं दिया था कि अब

कौन-सा मैं गाँव जाता हूँ, कोठी में ही सोता था। इसलिए साहब रोटी खाने में देरी करने लगा था।

पौने ग्यारह का समय था। आँगन में काफ़ी अँधेरा था। मैं बाहर बैठा था। साहब अन्दर से आया, आज कुछ ज़्यादा ही पी गया लगता था, आते ही बोला, "ओए मरासी, कैसे बैठा है जैसे कद्दुओं के व्यापार में घाटा पड़ गया हो? आज दाल-सब्ज़ी क्या बनायी है बे लड़के...?"

मैं 'मरासी' शब्द सुनकर एकदम हैरान हुआ कि मैं मरासी कहाँ का? मैं तो क्षत्रियों का बेटा हूँ। तुम्बी बजाता होने के कारण या गाता होने के कारण ही साहब ने मरासी कहा है।

मैंने कहा, "सर, आपने अभी कोई हुक्म नहीं किया था...बताइए कौन-सी सब्ज़ी बनानी है...अभी बना देता हूँ।"

"सब्ज़ी? तुम ऐसा करो, आज ताज़ा-ताज़ा बैंगन तोड़कर भुर्ता बनाओ... उसमें अदरक, प्याज, टमाटर सब कुछ डालो...।" साहब ने बाड़ी में खड़े बैंगनों की ओर देखा...जो अँधेरे में अच्छी तरह दिखाई नहीं दे रहे थे। मैं सोचने लगा कि साहब को रात में बैंगन क्यों याद आया है? कमाल है, मेरा साहब भी!

"अच्छा सर जी...मैं बैंगन तोड़कर लाता हूँ जी।"

"अबे रुक जा ओए...रुक जा मरासी...रुक जा, अँधेरा है...मैं बैटरी जलाता हूँ...तुम बैंगन तोड़ो।"

साहब ने बैटरी जलाकर रोशनी की। मैं आगे-आगे जाकर अभी क्यारी में जाने ही लगा था कि कोई चूहा या बिल्ली या उसका बच्चा पौधे के बीच से सरपट दौड़ा, पता नहीं क्या था और किधर गया? पौधे तेज़ी से हिले, मैं और साहब पीछे की ओर भागे। साहब तो भागते-भागते कोठी के दरवाज़े के पास जा खड़ा हुआ।

"ओए यह क्या था मरासी? कोई साँप सूँप ही ना हो बे...साला सुररर-सुररर करके भाग गया...मारो भुर्ते की...मूँगी साबुत बना लो...भै...नया ही स्यापा शुरू होने लगा था...ओ हो...भला भी हो अन्दर चलो।"

जब मैंने साहब को पीछे की ओर भागता देखा तो मेरी हँसी निकल गयी थी। हँसी मैंने बड़ी मुश्किल से रोकी थी कि कहीं साहब गालियाँ ही ना देने लगे कि तुम हँस क्यों रहे हो।

"ओ कंजर मरासी, मर गये थे आज तो...।"

साहब की साँस फूली हुई थी। मैं इस बात से भी हैरान हो रहा था कि यह मेरा नाम

मरासी क्यों डाल रहा है? फिर वही बात सोचने लगा कि तुम्बी के कारण ही कहता होगा और शराब का नशा भी तो है। क्या पता, सुबह ख़ुद ही कहने से हट जाये...मरासी।

"किशन साला छुट्टी पर चला गया और इधर आधी रात को अगर साँप डँस लेता, फिर क्या बनता...? मैं बनाऊँगा उसे बन्दा...आ लेने दो उसे...और तुम... तुम लेखक बने फिरते हो...जी मैं यमले जट्ट का चेला हूँ...सपने में भले यमला जट्ट देखा ना हो कभी...मुझे चाहे अब बिल्ली काट जाती साले तुम्बीवादक...।"

मैंने कहा, "सर...आगे मैं था...अगर साँप डँसता तो पहले मुझे ही डँसता... अगर बिल्ली काटती...तो पहले मुझे ही काटती...आप तो बैटरी लेकर बहुत पीछे चल रहे थे...।"

"अच्छा-अच्छा...मुझे सफ़ाई न दे...अगर नहीं साँप ने डँसा तो अब ले आ पकड़कर साँप बाड़ी से...ला...लाओ डँसवा दो मुझे...जा...जा...साथ में बिल्ली भी पकड़ लाना...लाओ, साँप और बिल्ली इकट्ठे कर दो...करवा दो मुझ पर हमला, जो तुम करवाना चाहते हो...।"

मैं हैरान था कि साहब मेरा ही तवा लगा रहा था। यह तो सौतनों वाले ताने देने लगा है। मैं बहुत उदास हो गया था। मेरा दिल कोठी से भाग जाने के लिए उतावला होने लगा था।

"तुम्बी बजाकर तुम थकते नहीं ही...काम कौन करेगा मेरे? ये सब मरासियों वाले काम हैं...मरासी बजाते हैं तुम्बियाँ...करो मन-मर्ज़ियाँ...बजाओ तुम्बियाँ तुम।"

साहब ख़ुद-ब-ख़ुद बिना वजह बोले जा रहा था। पहले बेहिसाब पी चुका था।

"अबे मरासी...।" साहब चीख़ा, "ओए! मुझे नहीं खाना खाना-वाना ओए...रहने दे खाना...मुझे सोना है मरासी...मुझे सोना है।" साहब की ज़बान भी तुतलाने लगी थी।

"सर, अब दाल तो चढ़ा दी है...अभी बन जायेगी दो मिनट में सर।"

"ओए मुझे नहीं खानी मरासी...मुझे नहीं खानी...सुबह बना लेना दालें-वालें... रख दे...रहने दे मरासी...छोड़...रहने दे।"

अब मैं क्या करता? अपनी रोटी भी कैसे बना लेता, अगर साहब की रोटी बनाता, तो ही अपनी खाता? साहब ने रोक ही दिया था। मैं हैरान-सा हुआ दुखी और बुझे मन से भूखे पेट अपने कमरे में आकर लेट गया। नींद भला कैसे आती, बल्कि साहब के बोल, 'ओए मरासी, ओए मरासी' मेरे कानों में गूँज रहे थे।

लेटा-लेटा मैं अपने भविष्य के बारे में सोचने लगा कि मेरी सारी उम्र यहीं... इसी काम में गुज़र जायेगी? यह सवाल मैंने अपने आप किया...तो कोई जवाब

नहीं था। क्या...मेरे जैसे ही हैं ये सभी अर्दली? क्या सबके साथ ऐसा ही होता है? क्या...सारे साहब मेरे इस साहब जैसे ही हैं? अरे साहब रे...!

एक सवाल पैदा होता, उसी तरह खड़ा रहता और उसके साथ ही नया सवाल आ खड़ा होता।

सवालों में घिरे पता नहीं कब नींद आ गयी मुझे।

•

जब जज को 'भैंस' भेंट में मिली!

किशन छुट्टी काटकर आयेगा। आकर काम सँभालेगा और मेरी जान छूटेगी। फिर मैं पहले की तरह रोज़ अपने गाँव चला जाया करूँगा, और किशन को उलाहना भी दूँगा कि मुझे फँसाकर ख़ुद भाग गया तू?

दिन में साहब 'मरासी' कहकर नहीं बुलाता था। रात को ही उसे 'मरासी' दिखाई देने लगता था जैसे उस दिन रात को उसको बैंगन दिखाई दिया था। जब साहब घूँट लगा लेता था तो फिर "ओए मरासी-ओए मरासी करने लगता था।"

"ओए मरासी, अब तुमने कभी तुम्बी नहीं बजायी ओए...क्या टूट गयी तुम्बी तुम्हारी...?" एक रात साहब ने कहा।

"सर जी, तुम्बी ने तो क्या टूटना, आप ही गुस्सा हुए रहते हो, आप दिल तोड़ देते हो साहब। तुम्बी क्या करे?" मैंने हौसला करके कहा था। मेरी आँखें भी नम हो गयीं।

"अबे नहीं मरासी, मैं क्यों गुस्सा होऊँगा...लाओ तुम्बी लाओ...लाओ, लाओ तुम्बी...बजाओ तुम्बी आज...ला किल्ली से उतारकर...टुंग-लुंग...लुंग...किल्ली से फाँसी पर लटकाई हुई है टुंग-लुंग अपनी तूने, अबे ला...।"

साहब रोज़ की तरह मूड बनाकर बैठा था। मैं तुम्बी लाया।

"सर जी, कौन-सा गीत सुनाऊँ?"

"ओए सुना दे, जो मर्ज़ी सुना दे यमले का...बजा-बजा अब तुम्बी।"

"सर जी, मेरे उस्ताद यमला जी का एक गीत है...लो सुनो ज़रा यह गीत... लोग बड़ा पसन्द करते रहे हैं।" मैंने गाना शुरू किया :

असलियत नूं जो भुल्ल गया, ओ नकल नू अपना रहै
अपनी नज़र मैं वेखया, बन्दे नूं बन्दा खा रहै

साहब सिर हिला-हिलाकर झूम रहा था। जब मैं गाकर रुका तो साहब ने बहुत अजीब-सी बात कही। कहने लगा, "अबे मरासी, अगर तुम यही तुम्बी लेकर

बसों या रेलगाड़ियों में गाने सुनाओ लोगों को...और हाथ में एक ठूठा-सा पकड़ लो...तो तुम्हें कभी कोई घाटा ना रहे...पैसों से ठूठे भर जाया करेंगे।"

और फिर ख़ुद ही साहब दाँत निकालने लगा, "ही...ही...ही...।"

यह बात सुनकर मैं बहुत दुखी और हैरान हुआ और सोचा कि उस दिन तो साहब कह रहा था कि अगर तुम प्रोग्राम करो, स्टेजों पर गीत गाओ तो बहुत पैसा कमा सकते हो, तुम्हारे पास गुण है आज क्या बकवास कर रहा है। कैसा अफ़सर है यह, कुछ समझ में नहीं आता इसका, पल में कुछ और पल में कुछ और। अब मेरा मज़ाक़ उड़ा रहा है, कभी तारीफ़ करने लगता है, यह क्या बात हुई भला? मनोरोगी साहब के बस पड़ गया हूँ मैं। इसको किसी दिमाग़ी रोगों के माहिर डॉक्टर के पास ले जाना चाहिए, पर कौन लेकर जाए?

जब मैं झोले में तुम्बी रखकर किल्ली पर टाँगने लगा तो पता नहीं कैसे उँगली तुम्बी की तार से छू गयी, तुम्बी टुनक पड़ी, "टुंग...ग" मुझे ऐसा लगा जैसे तुम्बी ने बड़े ही रोष से मेरी ओर देखकर कहा हो, "अबे जा...बड़ा आया कलाकार, मेरी तौहीन करवा रहा है...मुझे मत बजाया कर...कहाँ लाकर फँसा दिया है मुझे अँधी ग़ुलामी के संसार में...तुम एक महान लोक-साज़ को बर्बाद कर रहे हो...।"

मेरे गुरु की निशानी 'तुम्बी' का मैं शुरू से ही बेहद सम्मान करता आ रहा हूँ और उसकी तौहीन के बारे में सोचते हुए मुझे सचमुच दुख होने लगा। मैं रो पड़ा।

एक दिन सुबह जब मैंने साहब को चाय का कप दिया तो कहने लगा, "बात सुन ओए निंदरा, अब हम घर की भैंस के दूध की चाय पिया करेंगे...भैंस आ जायेगी अपने पास परसों तक..फिर मौजें ही मौजें...अरे तुम दूध दोह लेते हो ना? चारा भी तुम डाला करोगे भैंस को।"

"सर जी, भैंस तो मैंने कभी नहीं दोही...चारा डाल दिया करूँगा...किशन जानता है दूध दोहना...वो दोह लिया करेगा।"

"दूध दोहना कौन-सा मुश्किल है ओए? पहाड़ थोड़े तोड़ना है तुमने?...मैंने नहीं दोहा कभी...और तुम क्या जानते हो? टट्टू दोहना आता है तुम्हें? तुम्बी की टुंग-लुंग ही आती है? तुम भर्ती पता नहीं कैसे हो गये...हो तुम मूर्ख के मूर्ख ही साले...।"

"यह देख...मेरी कमीज़ का बटन टूटा हुआ है...यह लगाया नहीं तुमने...कौन लगायेगा इसे...तुम्हारा बाप लगायेगा इसे?"

मैंने आगे से कहा, "सर जी, मेरा बाप दर्ज़ी नहीं है...वो तो गाँव में परचून की

दुकान करता है...आप मेरे माँ-बाप को...।" मेरी बात अभी पूरी नहीं हुई थी कि साहब कड़का, "निकल जा मेरे कमरे से बाहर...कुत्ता कहीं का साला।"

साहब ठंडी में सुबह-सुबह चाय पीता ही गर्म हो गया था।

रविवार था। आज कचहरी नहीं जाना था। जिस दिन से किशन छुट्टी गया था उस दिन से मैं भी गाँव नहीं जा पाया। मैं चाहता था कि दो-तीन घण्टों के लिए मुझे गाँव जाने की छुट्टी मिल जाये। पर अब साहब से छुट्टी के बारे में पूछने की भी हिम्मत नहीं रही थी। यूँ ही ख़्वामख़ाह ही खीझ और झगड़ रहा था। मैं चुपचाप इधर-उधर के काम करता रहा।

मैं हैरान था कि साहब अपने परिवार से बिल्कुल ही टूटा हुआ था। साहब का बड़ा लड़का और लड़की विदेश में पढ़ते थे, वे कभी-कभी लैंड लाइन फ़ोन करते। फ़ोन भी साहब की तरह खराब ही रहता था। कभी-कभार ही बजता था। छोटा लड़का और बीबी जी मोहाली रहते थे।

एक दिन साहब कचहरी से आते ही शुरू हो गया, "ओए इधर आ, बात सुन, बेवकूफ़...कोई काम-धँधा कर-मर लिया कर...सारा दिन मेरे जाने के बाद तुम्बी उठाकर टुंग...टुंग...टुंग...मैं यह तुम्हारी तोड़ दूँगा...फिर तू कहेगा...तोड़ दी...।"

यह सुनकर मुझे भी ग़ुस्सा आ गया। हौसले से मैंने कह ही दिया, "सर तुम्बी तो अब मैंने बजायी नहीं कभी, इसका क्या कसूर है भला सर, आप काम बताओ, क्या नहीं किया मैंने...सारा दिन सफ़ेदों और पॉपुलरों के पत्ते चुनता रहता हूँ मैं...आपके कपड़े धोता हूँ...प्रेस करता हूँ और जूते पॉलिश करता हूँ...सब्ज़ियों की देख-भाल करता हूँ...कोठी की सारी सफ़ाई करता हूँ...और क्या करूँ बताइए साहब?" मैं रोने लगा।

मैं कुछ और बोलता, साहब भड़क उठा, "साला मरासी कहीं का...कुत्ते की ज़बान है...कैसे लगा है भौं-भौं करने...काम तुम ख़ाक करते हो...?"

मैं कमरे से बाहर आ गया था। साहब कहीं कचहरी में ही किसी वकील से झगड़ पड़ा था और वकील ने कहा था कि वह सेशन जज के पास वह शिकायत दर्ज करायेगा। सारे वकील हड़ताल भी कर सकते हैं। साहब कचहरी से आया था और मुझ पर आकर नज़ला झाड़ने लगा था। कोई बात नहीं, भले दिन आयेंगे। यह सोचकर मन को ढाढस बँधाया।

"अबे, इधर आ।" लगभग दस मिनट बाद साहब ने आवाज़ लगायी, "चाय बनाओ ओए बढ़िया-सी बनाओ।"

आज नयी बियाई भैंस आ गयी थी। किसी गाँव के ज़मींदार छोड़कर गये थे। यह ख़रीदकर नहीं लायी गयी थी। मुझे तो कहीं से यह पता चला था कि भैंस छोड़ने

वाले जट्टों का केस साहब के पास लगा हुआ था। वैसे क़ानूनी तौर पर केस तो उनके हक़ में ही होने वाला था लेकिन वकील ने उन्हें कहकर तोहफ़े के तौर पर साहब को भैंस भेंट करवायी थी।

भैंस देहाती थी। हट्टी-कट्टी...दूसरी बियाई की। नयी जगह आयी होने के कारण ऊँची-ऊँची रँभा रही थी। आस-पास की सभी कोठियों में भैंसों के 'सुरीले स्वर' गूँज रहे थे। भैंस को इस तरह देखकर साहब खीझता फिरता था, "अबे इधर आ, इसे चुप करा साली मेरी को, कैसे रँभा रही है?...घर में आयी हो साली...यह कौन-सा क़साइयों की हवेली है...हूँ...कैसे रँभा रही है हरामी कहीं की।"

साहब को खीझा देखकर मुझे हँसी आ गयी पर मैं मुँह खोलकर ना हँस सका, अन्दर से खुलकर हँस रहा था। यहाँ तो हँसने पर भी पाबन्दी थी। गनमैन भी चोरी से हँसते थे। रीडर और स्टैनो भी कचहरी में कभी हँसते नहीं देखे थे। अजब तमाशा था।

मैंने मौक़े की नब्ज़ पहचानी और साहब से कहा, "सर जी, मेरी बात सुनो... यह तो बेचारी फिर भी भैंस है जी...जब कोई नयी-नयी दुल्हन ससुराल जाती है तो अजनबीपन तो महसूस करती ही है जी...यह भी करेगी ही...।"

यह सुनकर साहब को भी थोड़ी-सी हँसी आ गयी, "बात सुनो बे...बातें मत जोड़ो ज़्यादा...इस ताई अपनी को चुप करा...कैसे चिल्ला रही है साली।" साहब की हँसी से मुझे बड़ी ख़ुशी हुई कि शुक्र है ख़ुदा का कमाल हो गया था।

मैंने फिर मौक़े पर व्यंग्य कसा, "सर जी, लोग कहते हैं ना कि भैंस के आगे बीन बजाने का क्या फ़ायदा है...लो फिर हम भैंस के आगे तुम्बी बजाकर देख लेते हैं...क्या पता रास आ ही जाये तुम्बी...बजाऊँ जी लाकर तुम्बी? लाऊँ मैं इसके सामने?"

साहब फिर हँसा और इधर-उधर घूमने लगा, "हे...हे...देखो कंजर की कैसे आसमान सिर पर उठाये बैठी है...हरामखोर कहीं की...साली...।"

साहब ने भैंस और उसके बच्चे को पुचकारा और फिर कमरे में जा घुसा। जैसे भैंस और बच्चे ने उसकी परवाह ही ना की हो, होगे तुम जज अपने घर में होगे... चलते फिरो...आ गये तुम बड़े जज...हमें कौन-सा फाँसी चढ़ा दोगे तुम।

माँ और बेटी दोनों मिलकर...गला फाड़-फाड़कर गीत गा रही थीं...मैं अन्दर ख़ूब हँस रहा था...उस मौक़े पर मुझे सुरिन्दर कौर और प्रकाश कौर का गाया गीत याद आया :

मावां ते धीयाँ रल बैठीयाँ नी माए
दोवें करदीयाँ गल्लां नी पइयाँ

साहब के सिर की मालिश

ठंडी के दिन थे। मीठी-मीठी धूप अच्छी लगती थी। आज सरकारी छुट्टी थी, कोई दिन-त्योहार था। साहब ने आज सारा दिन घर ही रहना था और मुझे डाँटते रहना था। और साहब को काम भी क्या होता था? कचहरी से कोठी और फिर मुझे डाँट-डपट। और कोई है भी नहीं, साहब बेचारा झगड़े तो किसके साथ झगड़े?

केसों की फ़ाइलें तो वह सुबह-सुबह ही पढ़ चुका था। पहले रोज़ की तरह नहाया, सिर धोया और बाल सुखाने के लिए धूप में, आँगन में कुर्सी पर बैठ गया। सूरज के सामने सिर करके बाल सुखाने लगा। मैं इधर-उधर छोटे-मोटे काम कर रहा था।

"ओए तुम्बी मास्टर...इधर आ...आज तुम्हें काम पर लगाऊँ...इधर आ ज़रा।"

"हाँ जी सर...हुक्म जी।" मैं नजदीक गया।

"जा, अन्दर से तेल वाली शीशी ला...मेरे सिर में लगाओ, देखते हैं तुम्हें यह भी करना आता है या नहीं कि सिर्फ़ टुंग-लुंग ही करनी आती है।"

साहब का हुक्म मानते हुए तेल वाली शीशी अन्दर से लाया। पहले मैंने कभी किसी के सिर में तेल से मालिश नहीं की थी और ना ही किसी से करवायी थी। शीशी खोली, हथेलियों पर तेल लगाया, और साहब के बालों को लगाने लगा।

"सही तरीक़े से लगाना ओए सही तरीक़े से...कनपटियों पर भी लगा ज़रा... कानों के ऊपर से करो ज़रा...अच्छी तरह...।"

"अच्छा सर जी साहब।"

मैं साहब के सिर के बीचोबीच उँगलियाँ फेरने लगा।

"अबे ऐसे नहीं...पीछे से बाल पकड़ो पहले...फिर बीच से उनके साथ मालिश कर...तुम्हें सिर में मालिश करनी भी नहीं आती उल्लू के पट्ठे।"

"नहीं जी...आती है...देखते जाइए, अच्छी तरह करूँगा...।"

मेरी बात सुनकर साहब फिर भड़का, "आती है तुम्हें ख़ाक, बातों के सिवाये क्या आता है तुम्हें साले?"

"ख़ाक" शब्द से मुझे फिर हँसी आ गयी, कितना सुन्दर शब्द उपयोग किया था साहब ने!

मैं चुप करके साहब की सुन रहा था और सिर को जो तेल लगा रहा था, पता नहीं चल रहा था कि वह कहाँ समा रहा है। ख़ुश्की-ही-खुश्की पड़ी हुई थी साहब के सिर में। मैं सँवार-सँवारकर सिर पर मालिश कर रहा था, साहब को जैसे बहुत आनन्द महसूस हो रहा था।

"वाह ओए निंदरया...तुम्हें तो भई सिर में मालिश करनी भी आ गयी है...हाँ... वाह भई वाह...सही से...और सही...।"

लगभग पन्द्रह-बीस मिनटों में मैं थक गया। साहब आँखें बन्द करके आराम की मुद्र में था। जब उसने कहना था मुझे, तभी हटना था पर वह जल्दी कहीं हटने को कह रहा लगता नहीं था। फिर मैंने ही पूछ लिया, "सर जी, और मालिश करूँ या बस करूँ मैं?"

"ओए मूर्ख कहीं के, इतनी जल्दी थक गया तू? अंडे देने हैं जाकर कहीं? उँगलियाँ फेरो बीच-बीच में।"

मैं उँगलियों की कंघी बनाकर साहब के बालों में फेर रहा था। कुछ-कुछ बाल अड़ रहे थे, "अबे बाल उखाड़ने हैं...बाल क्यों उखाड़ रहे हो? तुम्बी मास्टर... बाल सुलझाओ...आदमियों की तरह काम कर।"

फिर थोड़ी देर बाद ख़ुद ही कह दिया, "अब रहने दे उलझे बालों को...मालिश ही कर दो अच्छे से...वाह भई वाह...हाँ...भई निंदरया अब तुम पहले से समझदार हो रहे हो...तुम्हें अक्ल आती जाती है...हो तो तुम समझदार...पर कभी-कभी तुम मूर्खों जैसी बातें करते हो...मैं सब हटा दूँगा तुम्हारी ऐसी बातें...देखता जा...।"

साहब बिन पिये ही इधर-उधर की मारे जा रहा था। करारी धूप में साहब को सिर में मालिश करवाने का ख़ूब स्वाद आ रहा था। सिर में बहुत सारा तेल समा जाने से भी बहुत फ़र्क़ लग रहा था कि साहब को कुछ 'अक्ल' आ गयी लगती थी। मैं साहब से कहने ही लगा था कि आपके सिर में ख़ुश्की बहुत है, तभी आपका स्वभाव ख़ुश्क है, अब ख़ुश्की ख़त्म हो गयी है तेल से, अब आपका स्वभाव भी बदल जायेगा, तेल जैसा मुलायम हो जायेगा स्वभाव आपका, फिर सोचा रहने दूँ... क्या पता है गरम ही ना हो जाये और फिर गालियाँ देने लगे मेरे को।

"ओए जा चारपाई लाकर रख यहाँ...मैं लेटूँ।"

चारपाई भी आ गयी थी। साहब बोला, "ओए निंदरया, अब बालों में मालिश करनी रहने दे भले, तुम वैसे ही हल्का-हल्का मेरे बालों में हाथ मारते जाओ, मैं ज़रा आँख लगा लूँ।"

मैं उसी कुर्सी पर बैठकर बालों में हाथ मारने लगा। मुझे अपने आप पर हँसी भी आयी कि भला मेरा इसके बालों में क्या गुम हुआ है, जिसे मैं ढूँढ़ रहा हूँ और वो मिल नहीं रहा है?

साहब ने एक छोटा-सा खर्राटा लिया और फिर खर्राटे मारने लगा। मैं धीरे-धीरे उठा। साहब को देखकर मेरा मन भी किया कि मैं भी थोड़ा धूप में सोऊँ। बाड़ी के पास ही घास पर पल्ली पड़ी हुई थी, सीधी करके मैं लेट गया। अभी मैं लेटा ही था कि घर के आगे सफ़ेद मारुति आकर रुकी और फिर आगे निकल गयी। मुझे लगा, जैसे पहले वाले साहब और बीबी जी मारुति में आ गये हैं, पर अब उनका यहाँ क्या काम था? किसी और की थी वो मारुति, तभी तो अपने आप आगे चली गयी थी।

X X X

अब तो साहब, बीबी और रिंकू को मिले भी देर हो गयी थी। मिलने को मन कर रहा था पर इधर तो सिर खुजलाने का भी समय नहीं मिलता था। साहब कहीं आने-जाने नहीं देता था। कई बार मैं सोचता कि लैंड लाइन वाला फ़ोन करूँगा। क्या पता, रिंकू भी वहीं आया ही हो। उससे भी बात हो जायेगी। वह मुझे ज़रूर याद करता होगा, मेरा दोस्त रिंकू।

शाम को फ़ोन करने का मन बनाकर मैंने साहब से बहाना मारा, "सर जी, मेरे सिर में दर्द हो रहा है, बाज़ार जाकर गोली ले आऊँ जी मैं?"

"तुम्हारे सिर में कैसे दर्द हो रहा है, सिर तो मेरा दर्द करने लगा दिया तुमने, बाल-बाल उखाड़ दिया मेरे सिर का तुमने...मालिश भी नहीं करनी आती, अब सारे बालों में दर्द हो रहा है मेरे...जूड़ा भी नहीं बाँधा जा रहा मुझसे।" साहब ढीला-ढीला और रूखा-रूखा-सा बोल रहा था।

"सर जी, जा आऊँ बाज़ार?"

"जा-जा दफा हो, जल्दी आना।"

पैसे ख़र्च होने का मुझे कोई फ़िक्र नहीं था। मैं बीबी, जज साहब और रिंकू से जी भरकर बातें करना चाहता था। फ़ोन घुमाया, बीबी ने ही उठाया, मेरी आवाज़ सुनते ही वह ख़ुश हो गयी। जज साहब सोए हुए थे। रिंकू भी यूनिवर्सिटी से आया नहीं था।

"हाँ निंदर बेटे, तुम्हारा क्या हाल है, कैसे हैं तुम्हारे जज साहब?"

"बीबी जी, पूछो ही मत, मैं क्या बताऊँ, आप जैसा तो और कोई नहीं हो सकता, मुझे कहाँ फँसा दिया कुदरत ने।" कहते हुए मेरा गला रूंध गया।

"तुम घबराओ मत बेटा, मन मज़बूत रखो, हम तो ख़ुद तुम्हें बहुत याद करते हैं, जज साहब भी रोज़ याद करते हैं, रिंकू भी पूछता है, कहता है कि निंदर को मिलने का मन करता है...तुम किसी रविवार आ जाओ...बहाना बनाकर छुट्टी ले लेना साहब से...ज़रूर आना बेटा...।"

"अच्छा बीबी जी, पाँव छूना क़बूल करना...।"

पी.सी.ओ. वाले को पैसे देकर मैं जल्दी-जल्दी साइकिल भगाता हुआ कोठी आ गया।

"ओए, ले आये गोलियाँ?"

"नहीं सर जी, वहीं खा ली थी, एक ही ली थी मैंने।"

"और ले मर आते एक-दो, बहुत भारी थीं गोलियाँ? मूर्ख...साला।"

"अब ले आऊँ जी।"

"नहीं-नहीं, अब अपनी मौसी भैंस को पानी पिला, भौंकता फिर रहा है।"

साहब बुरी तरह खीझा हुआ था।

भैंस की सेवा-सँभाल भी मैं ही करता था। दूध दोहने की ड्यूटी हमारे पड़ोसी जज साहब का अर्दली प्रेमा निभा जाता था। चारा भी साथ वाले जज साहब के घर से काट लाता था। कई बार मैं अकेला ही चारा लगाता, ख़ुद ही मशीन चलाता, चारा फँस जाता, साँस फूल जाती, मशीन रुक जाती, दिल खीझ उठता। कैसा सिस्टम था।

शाम हो गयी थी। साहब अन्दर बैठा मूड बना रहा था। मुझे करने वाला कोई काम दिखाई नहीं दे रहा था। बस रसोई में ही काम था, वह भी खाना बनाने का, जब साहब ने अपनी मनपसन्द सब्ज़ी बनाने का हुक्म करना था, तब ही बनाने लगना था। बरामदे में पड़े स्टूल पर बैठकर मैं किताब पढ़ने लगा।

आधे घण्टे में घण्टी बजी।

मैं अन्दर गया, "हाँ जी, सर।"

"अब बता ओए मैं क्या करूँ? मरासी, बता मैं क्या करूँ? मेरे बाल दर्द कर रहे हैं ओए।"

साहब ज़्यादा पी गया लगता था, मैं सामने चुपचाप खड़ा था। मेरे बोलने का भी कोई अर्थ नहीं था। साहब ने तो इधर-उधर की मारनी थी और मार रहा था।

"ओए मरासिया, तुम बोल अब ओए, बोलता क्यों नहीं...मेरे सिर के सारे

बाल खींच दिये...एक भी बाल नहीं छोड़ा मेरे सिर का...ओए मैंने तुम्हें मालिश करने के लिए कहा था कि बाल खींचने के लिए? बता मुझे, बोल-बोल अब... ओए मरासी...गूँगा बनकर खड़ा है...कोई ना काका कोई ना...तुझे मैं बनाऊँगा बड़ा गवइया...टुंग-लुंग-टुंग-लुंग...साले को ना अक्ल ना मौत...मेरे सिर के सारे बाल खींच दिये हैं...बाल खींच दिये मेरे?...कोई ना...तेरी टाँगें मैं तोड़ूँगा किसी दिन...जब क़ाबू आ गया तू मेरे...तुझे रास्ता नहीं मिलेगा भागने को...साला बड़ा गवइया आ गया...टुंग-लुंग-लुंग...मरासी कहीं का, मेरे पीछे पड़ गया है पागल... मेरे बाल खींच दिये हरामी...मेरे बाल...।"

अब मुझसे भी बोले बिना रहा ना गया।

"सर जी, मैंने कहाँ बाल खींचे हैं...आपने सिर में मालिश करने को कहा था, मैं करता गया...ऐसे भला बाल कैसे खिंच गये? मैंने तो मालिश ही की थी...आप बेहिसाब ही मालिश करवाते गये...तभी तो बाल दर्द कर रहे हैं साहब।"

"अच्छा? मुझे समझा रहा है...? मरासी...सिर फाड़ दूँगा तुम्हारा मैं, हाय... मेरे बाल खींच दिये...मेरे बाल खींच दिये ओए साले मेरे बाल...।"

बिल्कुल ही साहब की वीडियो फ़िल्म बनाने वाली थी। तमाशा नहीं तो और क्या था यह? सिरे का तमाशा कर रहा था साहब, वीडियो बनाकर हाईकोर्ट के चीफ़ जस्टिस को भेजी जाती, फिर पता चलता साहब को!

साहब पागल हुआ बैठा था। मुझे कुछ सूझ नहीं रहा था, क्या करूँ? किधर जाऊँ? किसे जाकर कहूँ कुछ? अभी बोतल उसके सामने पड़ी हुई थी। पता नहीं कितनी और पी जाता। बस, एक ही रट लगाये बैठा था, "मेरे बाल खींच दिये ओए साले मरासी, मेरे बाल...।"

मैं कमरे से बाहर आ गया था। किशन 'कंजर का' पता नहीं कब आयेगा?... मेरा पीछा छूटेगा...मुझे मुश्किल में डालकर सुबह चला गया है...कभी मेरा दिल करता घर भाग जाऊँ, ऐसी की तैसी मारनी है ऐसी कुत्ती नौकरी की...फिर सोचा मुश्किल से नौकरी मिली है...रोज़गार है...हर किसी को हर समय नहीं मिलता... दुख काटकर ही सुख मिलता है...कभी अच्छे दिन भी आयेंगे।

घण्टी बजी, साथ ही आवाज़ आयी, "ओए मरासी ओए।" जैसे साहब को करंट लगा हो। मैं भागकर अन्दर गया। "ओए तू बाहर क्या कर रहा है, यहीं बैठ मेरे सामने...ओए मुझे बता मरासी तुमने मेरे बाल क्यों खींचे...क्यों खींचे मेरे बाल? मेरे बाल दर्द कर रहे हैं...ओ मेरे दुश्मन...मेरे बाल...मैं तुम्हें देखूँगा कैसे करते हो तुम नौकरी...सुबह ही भगा दूँगा घर...तुमने मेरे...अबे खींच दिये मेरे बाल...।"

मैं दुखी तो था ही, हैरान इस बात से था कि साहब, क्या कह रहा है, अब कैसे पीछा छुड़ाऊँ? घड़ी की ओर देखा, साढ़े दस बज चुके थे, सब्ज़ी-भाजी बनाने के लिए अभी कोई हुक्म नहीं था, मेरे खड़े-खड़े ही साहब ने एक और बड़ा-सा पेग अन्दर फेंका।

मैंने पूछा, "सर जी...सब्ज़ी कौन-सी बनाऊँ जी?"

"राख बना लो...बाल तो तुमने मेरे सिर का एक भी नहीं छोड़ा...क्यों खींचे मेरे बाल तुमने? मैं नहीं खाऊँगा तुम्हारे हाथ की रोटी मरासी...परे चला जा मुझसे... दूर हो जा...जा...जा मैं नहीं खाऊँगा रोटी...जा...साला मरासी...।"

मैं रोने ही वाला था। मेरा मन बिल्कुल ही ढह चुका था। मैं अपने कमरे में आया। ढीली चारपाई पर लेट गया और सोचने लगा, "कहाँ आ फँसा हूँ मैं...इससे तो मुंशी वाला काम ही सौ-गुना अच्छा था...तुम्बी वाला काम भी बुरा नहीं था... भोगों और शादियों पर गाता था...शान अलग...पैसा अलग...चित भी अपनी पट भी अपनी...इस जंजाल में ना पड़ता तो अच्छा ही था...मेरी यहाँ से जान छूटे... घर जाऊँ।"

साहब के कई-कई रंग सामने आ रहे थे। कहीं अच्छा, कहीं बुरा, कहीं बहुत अच्छा कहीं बहुत बुरा...! कैसा अफ़सर है, पदवी कितनी बड़ी है, जज! वो भी कोई छोटा-मोटा जज नहीं, एडिशनल ज़िला और सेशन जज, और करतूतें कैसी?

वाह ओ आदमी तेरे रूप अनेक!

रंग-बिरंगे दिनों की गाथा

"ओए, झाड़ू सँवारकर नहीं लगाया...यह पतीला अच्छी तरह नहीं धोया...भैंस के नीचे गोबर कितना पड़ा है...पत्ते नहीं उठाये...बर्तन मत बखेरा करो...सही तरह रखा करो...भूतों का बाड़ा बना रखा है घर को...वो देख जाले नहीं उतारे...कितने-कितने बड़े जाले हैं...घने...उजाड़ की निशानी होती है जाले ओए उल्लू...?"

साहब छोटी-छोटी बात को कुरेदता। मेरा किया हुआ कोई काम पसन्द ना आता साहब को। मैं आगे से, "हाँ जी...सर जी, हाँ जी-जी।" करता रहता, फिर साहब गरमी से ख़ुद ही धीरे-धीरे नरमी धारण कर लेता। अब मैं ज़्यादातर चुप ही रहता था। कभी-कभी जब मैं कोठी में अकेला रह जाता था तो अकेला बैठकर रोने को बड़ा मन करता। मैं बुरी तरह परेशान हो जाता था।

एक दिन साहब को अचानक चण्डीगढ़ जाना पड़ा। रात को फ़ोन आया था। साहब ने रात को ही अपना अटैचीकेस तैयार करके रख दिया था। सुबह ही तैयार होकर और दाढ़ी पर ठाठा बाँधकर मेरा दरवाज़ा खटखटाया, "ओए उठ जा... बहुत सो लिया...उठकर चाय बना...और मेरी पगड़ी की पूनी करवा...मुझे जल्दी जाना है।"

साहब जल्दी में लगता था। मैं जल्दी-जल्दी पगड़ी की पूनी करवा रहा था, "खींच भई खींच...खींच सँवारकर...साहब ने कहा तो मेरे हाथ से पगड़ी का पकड़ा हुआ कोना छूट गया।"

"दुर फिटे मुँह! मिट्टी लगा दी मेरी पगड़ी को...हाथ टूट गये हैं तेरे...?"

"सर जी, ठंडी है ना...हाथों को ठण्ड लग रही है...तभी तो छूट गयी...।"

"अच्छा? काम के समय ठण्ड लगती है, टुंग-लुंग-लुंग करने के लिए कैसे चलते हैं तेरे हाथ सारा दिन तुम्हारे हाथ काट दूँगा मैं...।"

साहब मेरी तुम्बी के पीछे पड़ गया हुआ था। बात-बात पर तुम्बी का ताना देता रहता था। वैसे मैं साहब की झिड़कियों, तानों की कम ही परवाह करता था। भौंकता है तो भौंकता रहे।

कई बार साहब को खिझाकर मुझे ख़ुशी मिलने लगती। अगर कहीं मैं ज़्यादा ही चुपचाप रहता तो साहब कह देता, "ओए तुम्बी मास्टरा, आज तो तुम्हारे पेंच ढीले हैं ओए...क्या बात है? ला...ला अपनी तुम्बी...गा गाना-वाना कोई...।"

मैं तुम्बी उठाता, बेमने मन से कोई बेसुरा-सा गीत गा देता। साहब को वो भी सुर में ही लगता था। "बेसुरे आदमी को संगीत भी बेसुरा ही अच्छा लगता है।" यह बात मैंने किसी बड़े उस्ताद लोक-गायक से सुन रखी थी। उस उस्ताद गायक ने यह भी कहा था, "आजकल तो ज़्यादा श्रोता बेसुरे ही हैं, तभी तो वे बेसुरों के संगीत को चाव से सुनते हैं। सुरीले श्रोता कम हैं और सुरीला गाने वाले भी तभी कम हैं।"

जब साहब पेग पर पेग चढ़ाता...उसकी सुध-बुध गुम हो जाती...बेसुरियाँ मारने लगता था तो मैं सोचता था कि अब इसे सुर में गाना सुनाने की क्या ज़रूरत है? मैं भी इधर-उधर की बेसुरियाँ मारकर समय बिताने लगता तो साहब उन बेसुरियों पर भी 'वाह-वाह' करता जाता।

साहब पगड़ी बाँधकर तैयार हुआ। दिन अभी ज़्यादा नहीं चढ़ा था। चण्डीगढ़ को पहली बस जानी थी।

"जा ओए रिक्शा लेकर आ...जल्दी आना...और रिक्शेवाले से पैसे पहले तय कर लेना।"

मैं बाहर सड़क पर आया। रिक्शेवाला कोई भी दिखाई नहीं दे रहा था। जैसे आज सारे रिक्शेवाले पकड़कर जेल में डाल दिये गये हों। थोड़ा आगे गया तो एक रिक्शेवाला खेसी की बुक्कल मारे खटारा-सा रिक्शा लेकर जा रहा था। मैंने सोचा, "साहब ज़रूर खीझेगा और कहेगा कि रिक्शा भी ढंग का नहीं मिला तुम्हें फिर कहेगा, इतनी देर कहाँ लगा आया, चलो यही ले चलता हूँ। पाँच रुपये में एक सवारी का अड्डे तक सौदा तय हो गया।"

"सर जी, रिक्शा आ गया है जी।"

"चलो फिर उठाओ अटैची...।"

अटैची रिक्शा में रखकर मैं थोड़ा हटकर खड़ा हो गया था।

"चल अब बैठ, खड़ा क्यों है? अड्डे से लौट आना...चल-चल मेरे साथ...।"

जब मैं रिक्शा पर बैठा तो रिक्शेवाले ने ज़र्दे से भरे मुँह से फरमाया, "एक सवारी का पाँच कहा था...दो के तो दस लगेंगे, पाँच और...।"

मैं कुछ बोलता, साहब बोला, "अरे यह सवारी नहीं है...यह तो मेरा अर्दली है...वो भी आधा...छोटा-सा तो है यह।"

साहब की कही इस बात की रिक्शेवाले को कोई समझ नहीं आयी, वह रेट

बढ़ाने पर अड़ गया था तो साहब फिर बोला, "हूँ, हवाई जहाज़ है या रिक्शा तेरा? चलो जल्दी, पहले ही लेट हूँ मैं...।" साहब ने खीझकर रिक्शेवाले को दाँत भी पीसे।

जब रिक्शा बीमारों की तरह झूलता हुआ चलने लगा तो साहब ने मेरी ओर देखा, "बात सुन...तुझे अक्ल कब आयेगी? सारे शहर में तुझे कोई रिक्शा नहीं मिला ढंग का? इससे अच्छा था पैदल चले जाते...जल्दी पहुँचते।"

"सर जी, मैं तो सभी ओर देखकर गया था...कोई मिला ही नहीं जी...सर जी...यह जो भइए हैं ना जी...यह रात को लेट ही सोते हैं...चावल खाते रहते हैं... फिर सुबह भी जल्दी नहीं उठते रिक्शेवाले...तभी तो नहीं मिला मुझे कोई...अगर अच्छा मिल जाता तो...।"

"अच्छा-अच्छा, अपने से ही ना बातें जोड़ा कर तू...अगर भइए चावल खानी जाति है तो तुम दिमाग़ खानेवाली जाति हो...चौबीसों घण्टे मेरा दिमाग़ खाते हो... अड्डे पर देखना कैसे धक्के खाते फिरते हैं रिक्शेवाले...सोये नहीं उठते, तेरे जैसे हैं सारे...? तू भी उठाये नहीं उठता...बारह बजे उठता है।"

"ओ चल भई चल...चला भी रिक्शा...वहीं ढिचक-ढिचक कर रहा है तू।" साहब बोला।

भइया तेज़-तेज़ पैडल मारने लगा। अड्डा थोड़ी ही दूर रह गया था। रिक्शे की चेन उतर गयी। "लो...साले रिक्शे के...अब चेन उतर गयी है...जल्दी कर जल्दी...चेन चढ़ा...।"

साहब मेरी ओर भी कड़वी नज़र से झाँका। मुझे डर था कि कहीं रिक्शेवाला भइया, साहब को कुछ उल्टा-सीधा ना कह दे। फिर क्लेश पड़ जायेगा। साहब तो किसी क़ीमत पर भी टलने वाला आदमी नहीं है। लड़ने को यह हर समय तैयार ही रहता है। भइया को क्या पता कि यह माननीय जज साहब हैं।

अड्डा आ गया था। साहब ने पर्स से दस रुपये निकालकर भइए को पकड़ाये। चण्डीगढ़ वाली बस खड़ी थी। वैसे सवारियाँ उसमें कम ही बैठी हुई थीं। हम पिछले दरवाज़े की ओर हुए तो वहाँ कंडक्टर ने साहब को पहचान लिया। वह भी अपने महकमे के किसी केस में साहब के पास पेशी भुगतने आता रहा था।

"जनाब जी, सत श्री अकाल जी...ओ जी...चण्डीगढ़ ही जाना है, आइए अगली सीट पर।"

कंडक्टर ने अपने गले में डाले कपड़े से दो नम्बर सीट साफ़ की। साहब उस पर जँच गये।

"निंदरे, तुम कोठी से बाहर कहीं न जाना...सुन लो...कहीं लेखकों के साथ ना घूमते फिरना मीटिंगों में...मैं चौथे दिन आ जाऊँगा...भैंस का ध्यान रखना... अच्छा? जाओ तुम कोठी।"

मैं अपने निराले संसार में गुम हुआ चलता-चलता कोठी आ गया था। दोपहर तक पढ़ता-लिखता रहा था क्योंकि अब इस काम के लिए समय था। कोई रोक-टोक नहीं थी। मुश्किल से पीछा छूटा था साहब से...साहब की टेपरिकॉर्डर मैं अपने कमरे में उठा लाया और हँ की कैसेट सुनने लगा...सुरजीत पातर की क़लम से गीत हंस ने रूह से गाया :

दिल तां उदास ए जी
बाक़ी सब खैर ए
सुन्ने सुन्ने राहाँ विच्च
कोई कोई पैड़ ए...

यह गीत सुनते हुए मेरा दिल और भी उदास हो गया।

गाँव भी नहीं गया था, कितनी देर हो गयी थी। मेरे मन में आया कि गाँव ही जा आऊँ। माँ को मिलने और उसके हाथों की बनी रोटी खाने को मन तरस रहा था। साहब तो चौथे दिन आयेगा। मैं कल ही लौट आऊँगा। साहब को कौन-सा सपना आयेगा कि पीछे निंदर अपने गाँव गया था।

शाम हुई तो मैंने साइकिल पकड़ी। कोठी के बाहर वाले गेट को ताला लगा, चल पड़ा। गाँव के लिए अभी शहर से निकल ही रहा था कि आगे आते एक लेखक सज्जन मिल गये, "यार...जब से अर्दली भर्ती हुए हो, मिलसे से भी गये। कहाँ फँस गये तुम, चलो चलें...आज मुशायरा है, मैं जा रहा हूँ वहाँ। तू भी चल।"

गाँव जाने का इरादा छोड़कर मैं मुशायरा सुनने चल पड़ा। मुशायरे में बड़े-बड़े शायर पहुँचे हुए थे, बहुत रौनक लगी हुई थी। शायरों को सुनकर मेरी रूह ख़ुश हो गयी थी। मन को कुछ ठण्डक-सी मिली थी। हालाँकि मुशायरा सुनते हुए भी मुझे डर था कि कोठी में कोई नहीं है, कहीं चोर-उचक्का ही ना घुस आये।

फिर सोचा कि अगर चोर घुस भी आये, तो साहब का क्या ले जायेंगे? साहब तो ख़ुद 'बड़ा चोर' है। फल फ्रूट तो उसे रीडर देकर जाता है। दूध के पैसे भी पहले वही देता था। राशन नाजर (स्टोर क्लर्क) देकर जाता है। अपना साहब के

पास कुछ भी नहीं है। चोर क्या ले जायेंगे साहब की कोठी से? यह सोचकर मैं अपने आप से हँसा।

देर रात तक मुशायरा ख़त्म हुआ। मैं कोठी आ गया। अब गाँव जाने का इरादा मेरा कल शाम का था। रात गाँव रहकर सुबह-सुबह साहब के आने से पहले ही कोठी आ जाऊँगा।

गाँव जाकर ऐसा लगा जैसे किसी केस में क़ैद काटकर आया होऊँ।

डाक भी आयी हुई थी लेखक दोस्तों की। डाक में एक सरकारी चिट्ठी भी थी, आल इंडिया रेडियो जालन्धर से एक प्रोग्राम पेश करने के लिए। मुझे चिट्ठी देखकर ख़ुशी भी हुई और फ़िक्र भी। ख़ुशी इस बात की कि रेडियो पर गाना है और फ़िक्र इस बात की कि पता नहीं साहब जाने दे या न। मुश्किल से तो प्रोग्राम मिला है। लोक-गाथाएँ गानी थीं।

माँ और बापू को भी काफ़ी दिनों बाद मिला था, वे भी बड़े ख़ुश हुए। बड़ी अच्छी नींद आयी थी। गाँव में रात काटकर रेडियो वाली चिट्ठी झोले में डालकर साइकिल शहर की ओर भगा ली।

अपनी ही सोचों में गुम और तेज़-तेज़ साइकिल चलाता हाँफता जब मैं कोठी के सामने पहुँचा तो जेब से चाबी निकाली ताला खोलने के लिए, चाबी किसे लगाता? ताला तो वहाँ था ही नहीं। मैं घबरा गया कि ताला कहाँ गया? कौन ले गया ताला? अन्दर से कुंडी लगी हुई थी, दीवार फाँदकर अन्दर गया, बरामदे वाला दरवाज़ा भी अन्दर से बन्द था, उसका ताला भी पता नहीं कहाँ था, हैं? यह क्या है? अन्दर कौन आ घुसा है? कहीं साहब ही तो नहीं आ गया रात को? मुझे कुछ सूझ नहीं रहा था।

भैंस कोठे से बाहर निकाली और जान-बूझकर मैं भैंस को ऊँची-ऊँची "हे-हे-हे" करने लगा। मेरी आवाज़ सुनकर साहब ने बरामदे वाला दरवाज़ा खोला।

"कहाँ से आया है...तेरी...ओए...?"

साहब ने दरवाज़े के पीछे पड़ा डंडा निकाल लिया था। मैं सिर झुकाये खड़ा था। साहब गालियाँ दिये जा रहा था। डंडा मारने की कसर तो बस यूँ ही रह गयी थी, अगर मैं साहब के ज़्यादा नज़दीक होता तो डंडा पड़ ही जाता।

"हरामी कुत्ते...जब मैं तुम्हें कहकर गया था कि तू कहीं नहीं जायेगा...क्यों गया तू...तोड़ूँ तुम्हारी टाँगें साले...बड़ा आया गवइया तू? मैं पूछता हूँ कहाँ से आया है?"

"सर जी गाँव गया था।" मेरे मुँह से मुश्किल से आवाज़ निकली। मैं रो रहा था।

"अच्छा? कौन मर गया था गाँव में? हैं? ओए क्या था गाँव में? क्या था ओए? किसका न्यौता आया था तुझे गाँव से? बोल अब...बोल मर...बोलता क्यों नहीं ओए अब...साला भांड कहीं का...अब ज़बान कट गयी तेरी? बोल?"

मैं फूट-फूटकर रोने लगा।

"नाटक ना कर मेरे सामने...पाखण्डी? मूर्ख पल्ले पड़ गया मेरे...कंजर मुझे गफ़लत में डाले रखता है...मुझे कुछ भी नहीं समझता...।"

बोलता-बोलता साहब अन्दर चला गया। मैं बहुत उदास होकर बरामदे की सीढ़ियों में ही बैठ गया था। अपने आप पर रोना आ रहा था कि कहाँ ला फेंका है क़िस्मत ने मुझे।

x x x

अब रेडियो वाले प्रोग्राम का फ़िक्र और भी बढ़ गया था कि साहब बिल्कुल ही नहीं जाने देगा। अभी पाँच दिन पड़े थे जाने में।

दिन गुज़रा। शाम को साहब बिल्कुल ठीक-ठाक हो गया था, जैसे सुबह की सारी बातें भूल भुला गयी हों उसे। असल बात यह थी कि साहब का मेरे बिना सरता भी नहीं था और ना ही मेरा साहब के बिना सरता था। मैं उसकी अर्दल में था, उसका काम करने के ही मुझे पैसे मिलते थे। अर्दली और अदालत का रिश्ता बड़ा गहरा होता है, जैसे मुंशी और थाने का रिश्ता।

शाम हुई, साहब मूड बना रहा था। मैंने क्यारी से लम्बी-सी दो मूलियाँ उखाड़ीं, धोयीं, छीलकर काटीं, ऊपर नमक छिड़का और साहब के सामने मेज़ पर रख दीं।

"ओए आ भई निंदरा, क्या कहती है तेरी तुम्बी फिर? करती है टुंग-लुंग-लुंग ओए।" साहब बिल्कुल नॉरमल था।

साहब मूली खाते ख़ुश था। मैंने मौक़ा सँभाला और रेडियो वाली चिट्ठी जेब से निकाली और साहब की ओर बढ़ा दी।

"ओए क्या है यह?"

"सर जी! रेडियो स्टेशन से आयी है चिट्ठी जी।"

साहब चिट्ठी पढ़ रहा था, "अच्छा-अच्छा, वहाँ प्रोग्राम देना है तुमने? किस दिन है? अच्छा...पाँचवें दिन?" साहब ने चिट्ठी से तारीख़ पढ़कर कहा।

मैं साहब को मनाने के लिए उतावला था, "सर जी...भेज दोगे मुझे आप जी?"

"ओए वो है ना कंजर का...किशन, अभी आया नहीं, घर बैठा और आगे-आगे छुट्टी बढ़वा रहा है...और तुम चले गये तो काम कौन करेगा यहाँ?"

"नहीं जी...सर जी...मैं तो सुबह-सुबह ही जाऊँगा यहाँ से और सीधा जालन्धर और फिर दोपहर को रिकॉर्डिंग कराकर...सीधा यहाँ पहुँच जाऊँगा...सर जी मिन्नत है जी...भेज दो जी...। ऐसा समय तो बड़ी मुश्किल से मिलता है, रेडियो पर गाने का।"

"ओए अभी चार-पाँच दिन पड़े हैं, देखेंगे फिर...ओए पहले मुझे सुना जो वहाँ गाना है, सुना तो मुझे वहाँ क्या गायेगा...ला ओए तुम्बी ला...ला...तुम्बी।"

अब मैं पूरा ख़ुश था...एक तरह से साहब की ओर से इजाज़त मिल ही गयी लगती थी।

"सर जी...मैं वहाँ लोक-गाथाएँ सुनाऊँगा...एक तो 'पूरन भगत' की गाथा और दूसरी 'सोहणी-महीवाल' की और तीसरी 'सरवण भगत' की गाथा है, यह तीनों मेरे गुरु यमला जट्ट जी की लिखी हुई हैं...लो...सुन लो पहले...मैं 'पूरन भगत' की सुनाता हूँ पहले..." मैं गाने लगा :

जांदा पूरन वेख के
अच्छरां डिग पई गश खा
बच्चेया शेर दे मुँह वे बकरी
मैं कीकण लवां छुड़ा
ओदर लूणा चड़ गयी महल ते
तकी मल्ल खलोती राह
वे तू ज़रा कु ठहरीं पूरनां
मैं मिलण आयी तेरी माँ
वे तूं कीता पाया आपणा
मैं ज़ुल्म कमाया ना

मेरा उत्साह बढ़ गया होने के कारण आज मेरी तुम्बी ख़ूब टुनक रही थी। साहब सिर मार-मारकर झूम रहा था।

"ओ हो! ओ निंदरया...यह बड़ी चंदरी निकली लूणा कंजर की...इसने पूरन मरवाया था बेचारा...उसकी माँ रोती थी अच्छरां...ओ हो...बेचारी...ओए यही गाथा को गाना वहाँ पूरन की रेडियो पे।"

पूरन की गाथा सुनते हुए साहब का मन जैसे वैराग से भर गया था। उसने एक और अच्छा-सा पेग बनाकर अन्दर फेंका, "हा...कंजर की लूणा...ओ-हो...।"

"सर जी...रख दूँ तुम्बी अब?"

"ओए रख दे पुत्तर निंदर...रख दे...तुम्बी रख दे...कंजर की लूणा...कितनी कुत्ती निकली भूतनी साली...डायन...पूरन मरवा दिया...ओ-हो...सौतेली थी ना... तभी मरवा दिया...ओ देख कैसे रोती है अच्छरां बेचारी...बेटा जाता देखकर...दिल का टुकड़ा क़त्ल कर दिया पापी राजा ने।"

बोलता-बोलता साहब मूलियों के टुकड़े भी उड़ाये जा रहा था, "करच... करच...करच।"

रेडियो पर जाने की मेरी तैयारी पूरी थी। झोले में तुम्बी और जो तीन लोक-गाथाएँ गानी थीं, वो काग़ज़ों पर लिखकर...डाल रखी थीं मैंने।

मुँह अँधेरे उठकर मैं बढ़े चाव से तैयार हुआ। चाय बनाकर साहब को पिलाई और साहब के लिए पराँठे बनाकर हॉट केस में रख दिये।

कमरे में जाकर साहब के पाँव छुए।

"ओए जल्दी लौटने की करना..."

"अच्छा सर जी, मैं तो आया समझो।" मैंने हाथ जोड़ते हुए कहा।

अड्डे पर आया, सीधी बस मिल गयी थी और समय पर जालन्धर पहुँच गया था। आगे रिकॉर्डिंग भी समय पर हो गयी, वहाँ काम करते अपने दोस्तों को भी मिल लिया। रेडियो पर गाने के लिए मानदेय का चेक भी मिल गया। मैंने अपने ठिकाने पर पहुँचने के लिए बस पकड़ ली। रास्ते में भी मैं साहब के तरह-तरह के रंगों के बारे में सोचता आया था। सारा ध्यान साहब, कोठी, भैंस और उसके बच्चे और साहब के खाने की ओर ही लगा रहा था।

"सर जी...सत श्री अकाल...रिकॉर्डिंग बहुत अच्छी हो गयी जी...कमाल हो गयी...यह चेक भी मिला है...प्रोग्राम कल आयेगा रेडियो पर...हम सुनेंगे जी... सर जी...मैं देखो कितनी जल्दी आ गया हूँ...मैंने आपसे कहा था ना कि जल्दी आ जाऊँगा।"

साहब मुस्कुराया, "ना बात सुन ओ बड़े चालाक...जो चेक मिला है...यह तो तुम्हारी अतिरिक्त कमाई है...एक तरफ़ सरकारी नौकरी करता और एक तरफ़ कलाकारी...ओए ऐसे नहीं चलेगा...कोई पार्टी-पूर्टी मेरी? आल इंडिया रेडियो पर गाकर आया है...कोई मखौल की बात थोड़े है...हैं ओए? बोलता नहीं अब? कमाल है भई...हैं ओए...।"

साहब पूरा ख़ुश था। सब बातें हँसी हँसी में कह रहा था। मैं सिर झुकाये सामने खड़ा हँस रहा था।

लग नहीं रहा कि यह वही साहब है, जो सुबह-शाम मुझे मन-मन की गालियों और झिड़कों से नवाज़ता रहता है।

जामुनों की ऋतु!

जब जामुनों की बहार आती है तो सरकारी कोठियों में बेशुमार जामुन होते है! बाज़ार में सौ रुपये किलो और अगर किसी ने पाव भर लेने हों तो तीस के! शहर की पुरानी सरकारी कोठियों और सर्किट हाउसों में वृक्ष जामुनों से भरे खड़े होते हैं। जज साहब की कोठी में जामुनों के तीन लम्बे और घने वृक्ष थे। आसपड़ोस के अफ़सरों की कोठियाँ भी जामुनों के वृक्षों से घिरी खड़ी थीं। जब मैं और जज साहब कचहरी आ जाते तो साथ वाले सरकारी मकानों से बच्चे छोटी दीवार फॉदकर आते और जामुन तोड़कर ले जाते।

जज साहब कहते, "जा, जिनके बच्चे आ रहे हैं, उनके घर उलाहना देकर आओ...जाओ।"

एक-दो बार मैं उलाहना देने गया तो एक घर की मोटी औरत मेरे गले पड़ गयी, "तेरा जज क्या आचार डालेगा इतने जामुनों का? क्या हुआ अगर हमारे बच्चे चार जामुन तोड़ लाये तो...? आग लगाये नहीं ख़त्म होंगे इतने जामुन...अपने जज को कह कि शाम को अपनी कोठी के सामने ठेला लगा लिया करे जामुनों का...।"

मोटी औरत से सिरे की बात सुनकर मुँह लटकाकर मैं वापस आ गया। साहब पूछने लगा, "हाँ भई, दे आया उलाहना?"

मैंने दिलेरी से कह दिया, "नहीं सर जी, बल्कि उलटा लेकर आया हूँ...शुक्र है औरत ने मेरा सिर नहीं फाड़ दिया।"

"क्या कहती है साली...?"

"सर, मेरे पास ही रहने दीजिए जो कहती है।" इसके बाद साहब नहीं बोला।

एक दिन साहब कहने लगा, "सारे के सारे जामुन इकट्ठे कर लिया कर... एक भी जामुन फिजूल ना जाये...फ्रिज में रखा कर...सुबह जब मोहाली वाली बस में दूध देने जाते हो...तब साथ जामुन भी ले जाया कर...बच्चे खा लिया करेंगे वहाँ...।"

सुबह मैं भैंस दोहकर केनी में दूध डालकर, साइकिल के पीछे लादकर बस अड्डे पहुँचता था। चण्डीगढ़-मोहाली जाने वाली पहली बस लगी होती थी। ड्राइवर के पैरों के पास दूध वाली केनी रख देता। एक दिन जब जामुनों वाला बड़ा लिफ़ाफ़ा रखा तो ड्राइवर खीझ गया, "जज साहब ने तो बस मोल ही ले ली है...सारी जगह रोक ली है...मैं ब्रेक कैसे लगाऊँगा...क्लच कैसे दबाऊँगा...रेस कैसे दूँगा...।"

मैं चुपचाप सुनता रहा। किसी-न-किसी तरह ड्राइवर अब दूध के साथ जामुन भी ले जाने लगा था। मोहाली अड्डे पर साहब का घरेलू नौकर जयराम पहले ही खड़ा बस का इन्तज़ार कर रहा होता। दूध की केनी और जामुनों वाला लिफ़ाफ़ा उतारकर घर ले जाता। उधर बीबी जी आसपास की कोठियों में जामुन बाँटकर पड़ोसनों को ख़ुश करती रहतीं और इधर जज साहब मुझे फ़ालतू के काम में डालकर दुखी करता रहता।

साहब की कोठी में मैंने कई अलग-अलग तरह की सब्ज़ियाँ भी लगा रखी थीं। खाने वाला साहब अकेला! सो, बोरी में डालकर यह ड्राइवर के हवाले कर देता। सच्ची बात यह है कि ड्राइवर अब बहुत तंग आ चुका था साहब का सामान ढो-ढोकर! अब रहती कसर जामुनों ने पूरी कर दी थी।

एक दिन मैं भैंस दोहता हुआ लेट हो गया था, उधर से बस चलने का समय हो गया। ड्राइवर खड़ा इन्तज़ार करता रहा। मुसाफ़िर शोर मचाने लगे। जब मैं अड्डे पर पहुँचा तो वह मुझे जैसे खाने को पड़ा, "यार, आप लोगों ने मज़ाक़ ही बना लिया है...? हम खड़े इन्तज़ार कर रहे हैं...तुम्हारे पैर बाँधे हैं किसी ने?"

उस दिन सुबह-सुबह के समय मेरे मुँह से सहज ही निकला था, "पैर ही नहीं मेरा तो जीवन ही बँधा पड़ा है इस नौकरी में...सुबह तीन बजे का उठा हूँ...आज साली भैंस ही नहीं पसानी, मैं क्या करूँ भाई...मर गया मैं तो भैंस पसमाता?"

ड्राइवर कहने लगा, "चल छोड़...तुम किसी दिन भैंस ही खोलकर ले आ... बस में चढ़ाकर मोहाली छोड़ आयेंगे।"

कंडक्टर-ड्राइवर और मुसाफ़िर हँस पड़े। मैंने जामुन और दूध ड्राइवर के पैरों में रखा और साइकिल कोठी की ओर भगा ली।

आज रविवार था। जज साहब बड़े हल्के-फुल्के मूड में बैठे थे। मैंने ताज़ा जामुनों पर नमक छिड़का। जैसे साहब मेरे ज़ख़्म पर नमक छिड़कता रहता था। प्लेट साहब के आगे जा रखी। वह जामुन खाने लगे। इतने में साहब का स्टैनो (जो अक्सर ही मेरे साथ ईर्ष्या करता था) आ गया। साहब उससे लेकर ज़रूरी फ़ाइल पढ़ने लगा और साथ ही स्टैनो को इशारा किया कि वह भी प्लेट में से जामुन खा

ले। स्टैनो ने एक जामुन उठाकर मुँह में डाला और 'न' में सिर हिलाया। मेरी ओर कनखियों से झाँका। दूसरा जामुन मुँह में डालता हुआ स्टैनो बोला, "सर यह भी कोई जामुन हैं? जामुन तो जी फिरोज़पुर के होते हैं...आहा आहा...सर जी देखना कभी खाकर फिरोज़पुरी जामुन...सर बड़े स्वाद हैं जी फिरोज़पुरी जामुन...मोटे-मोटे... काले-काले...। ज़रूर खाना कभी सर वो..."

स्टैनो की बात सुनकर साहब ने फ़ाइल पढ़नी छोड़ दी और मुझे मुख़ातिब हुए, "ओए तुम्बी वाले, आज संडे है और तू ख़ाली भी है...जा...फिरोज़पुर से जामुन लेकर आ।"

साहब का हुक्म सुनकर स्टैनो मुस्कुराया। मुझे ग़ुस्सा आया कि यह साला नया ही स्यापा डाल गया। अब मैं फिरोज़पुर जाऊँ जामुन लेने के लिए? साहब ने फ़ाइल पर दस्तख़त कर दिये थे। स्टैनो चला गया था। मैंने सोचा साहब शायद भूल जायेगा। मैं कोठी के और काम करने लगा। बीस मिनट बाद साहब ने फिर पूछ लिया, "ओए गया नहीं तू फिरोज़पुर जामुन लेने?"

"जा रहा हूँ सर, अभी जा रहा हूँ...।"

मैंने हल्के मन से कहा और कोठी से बाहर आ गया था। मेरे पास तो बीस रूपये ही थे। वह किराया लग जाता। आगे कौन-सा मेरी मौसी का बेटा बैठा था, जो जामुन मुझे मुफ़्त में दे देता? मैं किसी से उधार पैसे लेने की सोचने लगा। सोचता-सोचता चौक में आकर बस के इन्तज़ार के लिए खड़ा हो गया। छोटे जज साहब का रीडर खुराना स्कूटर पर आता नज़र आया। यह खुराना बड़ी चीज़ था, सारे वकील उसे मानते थे। बड़ा तीखा, सेठ खुराना। मिनटों में काम बना देता, देर के बिगड़े हुए काम!

मैंने आवाज़ दी, "बाऊ जी...बाऊ जी...।" वह रुक गया। नज़दीक जाकर बताया, "पचास रुपये उधार दो...साहब का स्यापा करने जा रहा हूँ। फिरोज़पुर से जामुन लेने जाना है...।"

खुराना जी ने कहा, "क्या बात है, अपने शहर में जामुनों का अकाल पड़ गया है?"

मैंने बताया, "जज साहब कहते हैं कि मुझे तो फिरोज़पुरी जामुन ही खाने हैं।"

खुराना जी को आइडिया आया। उन्होंने तीस रुपये मुझे देते हुए कहा, "यह लो...और यहीं से ख़रीद लो, कौन-सा जामुनों पर लिखा हुआ है कि यह फिरोज़पुरी जामुन हैं? पर ऐसा करना...कोठी अभी मत जाना...कम से कम तीन घण्टे बाद जाना...उतनी देर बाहर घूम-फिर लो, अपने निजी काम कर लो।"

खुराना जी की स्कीम मुझे बहुत अच्छी लगी थी। मैं तीन घण्टे अपने पुराने दोस्तों को मिलता-जुलता रहा और आख़िर बाज़ार से मोटे-मोटे काले-काले किलो जामुन तुलवाकर कोठी पहुँच गया। जज साहब जामुनों वाला लिफ़ाफ़ा देखकर बड़े प्रसन्न हुए। प्लेट में जामुन डालकर साहब के सामने रखे तो वह ख़ुश होते हुए बोले, "वाह भई वाह...क्या बात है...क्या कहने हैं...मोटे-मोटे हैं भई फिरोज़पुरी जामुन...।" साहब ने जामुन मुँह में डालते कहा, "भई तुम्बी वाले, यह फिरोज़पुरी जामुन अपने शहर के जामुनों से कहीं ज़्यादा मीठे हैं...वाह भई वाह...मात करते हैं अपने शहर के जामुनों को भई ये तो...शाबाश भई निंदर सिंहां...ओ तुम्बी वालेया।"

जज साहब बहुत प्रसन्न थे और मैं भी अन्दर ही अन्दर ख़ुश हो रहा था... खुराना जी की दी स्कीम के वारे-वारे हुए जा रहा था और साहब फिरोजपुरी जामुन खा रहा था।

साहब का साढ़ू और साली

किशन छुट्टी काटकर आ गया था।

साहब ने उससे पूछा, "तू घर बैठा छुट्टी बढ़ा रहा था...तुम्हें यहाँ की कोई फ़िक्र नहीं थी?...तुम लोग सिर्फ़ अपना ही फ़ायदा सोचते रहते हो, बनियों की तरह।"

किशन ने जवाब दिया, "साहब जी बात यह नहीं थी, मैंने अपनी ज़रूरत के लिए छुट्टी ली थी...बहन के घर में काम था...और मेरी छुट्टी बनती थी...अभी भी पड़ी हैं...छुट्टी तो मेरी।"

साहब खीझ गया, "अगर पड़ी हैं तो और काट आ...मेरे पास धक्के खाने आया है तू?"

कुछ दिनों बाद किशन की ड्यूटी साहब ने कचहरी से हटाकर पूरा समय कोठी में रहने की लगा दी।

किशन इस बात से और खफ़ा हो गया था और उसने दो महीनों की छुट्टी लिख भेजी। जब मुझे पता चला, गुस्सा तो मुझे बहुत आया पर मैं कर कुछ ना सका। मैं फिर अकेला रह गया। किशन के आ जाने से मुझे सुख की साँस मिलती महसूस हुई थी।

साहब का साढ़ू तहसीलदार लगा हुआ था। उसका साहब को फ़ोन आया। उन्हें मिलने के लिए आना था। दो सरकारी छुट्टियाँ थीं। साहब ने कहा, "मेरे साढ़ू-साली की सेवा करना...इधर-उधर की मत करते रहना जैसा पहले करता करता रहता है। उनकी पूरी सेवा करनी है तुमने काका।"

"सर जी, आप तो मुझे बिल्कुल पागल समझते हैं...इतना मूर्ख नहीं हूँ मैं जितना आप समझते हैं। मेरे को...थोड़ा-सा ज़रूर हूँ...।" मैं हँस पड़ा।

दुपहर को कार कोठी के सामने आकर 'पां-पां' करने लगी। मैंने भागकर गेट खोला। मारुति अन्दर आयी। साहब की साली-साढ़ू ख़ूब मिले साहब को। साहब बहुत ख़ुश था।

साहब की साली का बड़ा लड़का कुछ बड़ा था। दूसरे दोनों छोटे लड़का-लड़की बड़े शरारती थी। वे आते ही खुली जगह देखकर इधर-उधर भागकर खेलने लगे। बहुत बड़ा एक पतीला था सिलवर का, जिसमें मैं रात को दूध उबालता था या कभी पानी गर्म करता था, पतीला आँगन में दीवार के साथ टेढ़ा पड़ा हुआ था, बच्चे पतीले के साथ ही खेलने लगे। लगता था जैसे उन्होंने इतना बड़ा बर्तन कभी पहले नहीं देखा हो। वे पतीले को ठोकरें मार-मारकर चलाने की कोशिश करने लगे। उनकी माँ बोली, "ओए होए...क्यों आप लोग आते ही अपने मौसा जी के बर्तन तोड़ने लगे...हटो...मौसा जी डाँटेंगे, हट जाओ...टिक जाओ।"

शहरी बच्चे इतने ढीठ थे कि टिककर बैठ नहीं सकते थे। शाम हुई, मैं रसोई में काम करने लगा। साहब और उसका साढ़ू मूड बनाने बैठ गये। मूलियाँ काटकर मैं उनके आगे रख आया था। साहब की साली 'हिली हुई डायन' की तरह कोठी में भागी फिर रही थी। वह रसोई में चक्कर लगाती, फ़र्श पर पैर घसीट-घसीटकर चलती। उसे जैसे चैन नहीं था। बिना वजह वह चक्कर लगा रही थी। रसोई में उसका काम कोई भी नहीं था, काम तो सारा मुझे ही करना था और कर रहा था। वह भूखी डायन की तरह ख़ाली पड़े बर्तनों में झाँक-झाँककर मेरा फ़ालतू में मेरा सिर खा रही थी, "क्या कर रहे हो? क्या बनाना है? कैसे बनाओगे? वो क्या है? यह क्या है? इसमें क्या पड़ा है? यह कहाँ से लाये? यह यहाँ क्यों रखा हुआ है? हैं?"

'हिली हुई डायन' नहीं थी तो और क्या थी साहब की साली? मैं प्याज़ काट रहा था, वह फर्श पर ज़ोर-ज़ोर से चप्पलें घसीटती हुई आयी और बोली, "जाओ, तुम्हें जज साहब बुला रहे हैं...जाओ उधर आप।"

मैं चाकू और आधा कटा प्याज़ रखकर गया तो साहब बोला, "ओए तुम्बी मास्टरा...हमारे तहसीलदार साहब कहते हैं भई गाना-वाना ही सुना दो कोई...मैंने इन्हें बताया है कि हमारा लड़का गाने गाता है यमले के...तुम्बी बजाता है...जा ला उठाकर तुम्बी...सुना कोई गाना बढ़िया-सा...।"

मैं सोच रहा था कि आज भी साहब मेरा ख़ूब मज़ाक़ उड़ायेगा। अगर गाने से ना करूँगा या कोई बहाना बनाऊँगा तो फिर गालियाँ देगा। मैं तुम्बी उठा लाया, उनके सामने एक कलाकार की तरह नहीं बल्कि एक मुज़रिम की तरह खड़ा हो गया, साहब का साढ़ू तुम्बी देखकर ख़ुश हो गया, "भई यह तो असली तुम्बी है

इसके पास...मैंने तो सोचा था कि वैसे ही होगी नक़ली सी...सुना बेटा बजाकर, सुना...।"

"आप देखना...तहसीलदार साहब, यह अभी यमले जट्ट की नक़ल बिल्कुल उसी तरह करके दिखायेगा...उसका चेला रहा है...बिल्कुल उसी तरह आवाज़ें निकालता रहता है...चल अब गा भी...।"

साहब ने गिलासों में पेग डालते हुए हुक्म लगाया। उसके बराबर साली साहिबा (हिली हुई डायन) भी आकर बैठ गयी थी और बिना वजह ही हँस-हँसकर अपने पीले दाँतों की नुमाइश लगा रही थी।

छोटे लड़के ने कुर्सी से उठकर तुम्बी के साथ लटकते लोगड़ी के फूल को हाथ मार-मारकर घुमाना शुरू कर दिया। मैंने तुम्बी और ऊपर उठाई तो वह ज़िद करने लगा, "मम्मी जी, फूल लेना है...वो फूल लेना है मुझे...फूल...मम्मी ले दो इससे फूल।"

"नहीं रे नहीं...नहीं लेना फूल...चुप करके बैठ जा...मारूँगी मैं।"

बच्चा न हटा। रोने लगा, "फूल लेना है...मुझे फूल लेना है...मम्मी फूल ले दो...मम्मी फूल चाहिए मेरे को...।"

साहब ने कहा, "भई उतार दे फूल इसे...फूल दे दो...ख़ुश हो जायेगा, तुमने फूल का क्या अचार डालना है, दे दो बच्चे को।"

मैंने अनमने मन से तुम्बी से फूल (जो मेरे उस्ताद जी की अनमोल निशानी थी) उतारकर दे दिया। बच्चे फूल लेकर बाहर आँगन में भाग गये थे। मेरा दिल जल-भुन गया था।

"सर जी, कौन-सा गीत सुनाऊँ?"

"ओ सुना दो यार, जो मर्ज़ी सुना दो...हमारे तहसीलदार साहब और हमारी सरदारनी जी ख़ुश होने चाहिए...यह देख लो भाई अब...किस गीत पर ख़ुश होंगे।"

"सर जी, मैं आज आपको मॉडर्न माहिए के कुछ टप्पे सुनाता हूँ...लो सुनो..." मैं गाने लगा हूँ :

सोने दा किल्ल माहीआ
साडे घरे रौला पै गया
आया बिजली दा बिल माहीआ

तीनों ही फिज़ूल हँसने लगे। तुम्बी की टुनकार उनकी हँसी के शोर में खो गयी थी। मैंने अगला टप्पा गाया :

सोने दा किल्ल माहीआ
बस्सां दे किराये वध गये
सुफने विच्च मिल माहीआ

मैं गा रहा था तो साहब ने बीच में अपना ही 'तवा' रखा हुआ था, "क्यों भई...देखा तहसीलदार साहब...यह है ना पूरा मरासी है...है ना...मैं इस कंजर को रोज़ कहता हूँ कि तू मरासी है...और यह कंजर मानता ही नहीं है मेरी...जी मैं तो क्षत्रियों का लड़का हूँ...यह हो ही नहीं सकता कि यह क्षत्रिय हो...मैंने कहा भी है कि भई क्षत्रियों के लड़के तुम्बी नहीं पकड़ते...क्षत्रियों के लड़के तो तराजू का काँटा पकड़ते हैं...पक्के मरासी हो...मैंने कह दिया...यह पक्का मरासी है।"

साहब कचर-कचर करके मूली खाता हुआ ख़ुद-ब-ख़ुद बोल रहा था। साहब के साढ़ू का जैसे बीच में ही स्वाद ख़राब हो गया हो...उसने कहा, "लओ जी, सुनो तो सही जज साहब, आप आगे तो सुनो...वाह भई वाह...यह तो कमाल है...कलाकार है आपके पास तो...।"

मैंने माहीए का अगला टप्पा गाया :

दो पतर अनारां दे
साड़ी गली लंघ ढोला
तेरे जुतियाँ वी मारांगे...

साहब की मोटी साली की हँसी फूट-फूटकर निकल रही थी। वह हँसती-हँसती टेढ़ी-मेढ़ी हो रही थी। जिधर को टेढ़ी होती, उधर ही सारा शरीर लुढ़क जाता। माहीया गाया गया। साहब बोला, "ओए मरासी...वो गा यार...यमले का...जो तुम गाते हो असर...अलहड़पुने विच्च लाइयाँ तोड़ निभावीं वे...मैं तेरी तूं मेरा छड्ड ना जावीं वे...यह सुना।"

मैंने यह गीत भी सुना दिया तो साहब के साढ़ू ने अपने पर्स में से सौ का नया नोट निकाला और मेरी ओर बढ़ाता हुआ बोला, "लो भई कलाकार...लो तुम्हें इनाम देते हैं हम।"

यह देखते ही जैसे साहब को सातों कपड़ों में आग लग गयी हो, वह शोर मचाने लगा, "ओ हो...यार इसे किस बात का इनाम? यह तो यहाँ नौकरी करता है...रेडियो पर भी गा आता है...बहुत पैसे हैं इसके पास...ऐसे तो रोज़ ही गाता है...मैंने तो कभी इसे पच्चीस पैसे नहीं दिये...रहने दो यार...रहने दो...यह तो मुझसे ज़्यादा पैसे वाला है...बड़ी 'शैतान की टूटी' है यह मरासी...बहुत बुरी शै है...कुछ नहीं देना इसे।"

"ओ लो भई...मैं तो ख़ुशी से दे रहा हूँ...ले लो बेटा...ले लो...यह कौन-सी बात है, लो तुम्हारा इनाम है।"

मैं ना-नुकर करता रहा, फिर साहब भी बोल पड़ा, "चलो ले लो अब, नखरे क्यों कर रहे हो।"

मैंने सौ रुपया झिझक से जेब में डाल लिया। "ओ देख मरासी, हमारे रिश्तेदार कितने खुले दिल वाले हैं...तुमने तो काट लिया दो मिनट में सौ रुपये...मैंने तो तहसीलदार साहब इस कंजर को बीस बार कहा है कि तुम यही तुम्बी लेकर बसों या रेलों में गाने गाओ तो पैसों का कोई घाटा नहीं रहेगा...ठूठा-सा पकड़ ले एक हाथ में...पैसे ही पैसे...पर यह मानता ही नहीं मेरी...।"

साहब की साली और साढ़ू ऊँची-ऊँची हँसे थे। मुझे पता था कि साहब मेरा मज़ाक़ उड़ाये बिना कभी रह ही नहीं सकता था।

साहब और साढ़ू देर रात तक बैठे दारू पीते शोर मचाते रहे। वे बैठे ही थे, साहब की साली आयी और बोली, "बस करो अब...ज़्यादा ना पीओ...कहते हैं गुर्दे फेल हो जाते हैं इससे।"

साहब बोला, "होते हैं तो हो जायें, मैंने कौन-सा बेचने हैं गुर्दे...तुम्हें ज़्यादा फ़िक्र है मेरे गुर्दों की?"

फिर उसने फ्रिज खोला और बड़ी-सी गाजर बिना धोये ही निकालकर खाने लगी। खाते-खाते ही उनकी ओर फिर जा घुसी, साहब ने ऊँची आवाज़ में लड़खड़ाकर कहा, "ओ मेरी प्यारी साली, क्यों खा रही हो गाजरें...फिर कहोगी जीजा जी की गाजरों ने मेरा पेट दर्द करा दिया...फिर बताओ मैं किधर जाऊँगा, मेरी साली, अगर तुम्हारे पेट में दर्द होने लगा, तो मैं मर जाऊँगा...आधी रात को कोई डॉक्टर भी नहीं मिलेगा यहाँ...।"

हँसी फैली। मुझसे भी रसोई में खड़े हँसे बिना ना रहा गया। क्या संसार है इन पढ़े-लिखे और उच्च-क्लास लोगों का? मैंने नीची क्लास वाले ने अपने आप से सवाल किया था।

पलों में ही वह फिर पाँव घिसट-घिसटकर चलती रसोई की ओर से भुजिया मुँह में डाले चली आ रही थी। मैं हैरान था कि साहब की साली तो जैसे जुगों-जुगों की भूखी है। बहुत मोटी थी, तभी तो अक्ल की खोटी थी। भुजिया चबाने के बाद रसोई में पड़ी मूलियों की ओर हुई और एक लम्बी मूली छीलने लगी। मूली क्या, उठाकर मूला ही छीलने लगी थी। मूले के मोछे डालती हुई बोली, "अरे बात सुनो, ये मूलियाँ कहाँ से लेकर आये हो आप...बहुत स्वादिष्ट हैं ये मूलियाँ।"

मैं हैरान भी था और हँसी भी आ रही थी कि साहब की साली तो बहुत ही झल्ली है। वह फिर एकदम बोली, "अरे, तुम यहाँ रहकर क्या करते हो? तुम तो किसी गाने वाली लड़की से शादी कर लो...दोनों स्टेजों पर जाकर गाना गाया करो...तुम्हारी पत्नी तुम्हारी सेवा किया करेगी...मेरी बात मान और शादी करवा लो जल्दी, शादी की बड़ी मौज रहती है...।"

साहब की साली जल्दी-जल्दी मूली खाती हुई बेरोक और फिज़ूल बोल रही थी। मैंने उसकी बात का जवाब देना मुनासिब ना समझा और दो टूक बात ख़त्म की, "बात यह है बीबी जी, ये आज के गाने वाले और गाने वालियाँ बेशर्मी की हद लाँघ जाते हैं...लचर गीत...लुच्चे गीत गाते हैं और इसीलिए पैसे कमाते हैं...मैं तो इस तरह के कंजरखाने में न पड़ना चाहता हूँ और ना ही गन्दे गीत गाना चाहता हूँ...ना मैंने किसी गाने वाली लड़की से शादी करवानी है, मैं तो फ़क़ीर-दरवेश यमले जट्ट का चेला हूँ...उसने भी यही शिक्षा दी थी कि बेटा गँदे गीत नहीं गाने... मैंने क्या लेना गँदे गीत गाकर...मेरी तो यही नौकरी अच्छी है।"

साहब और साढ़ू लड़खड़ाते और गिरते हुए रसोई की ओर आ रहे थे। साहब ने आज साढ़ू और साली के आने की ख़ुशी में बहुत पी ली थी, ज़बान तुतला ज़रूर रही थी लेकिन समझ आ रही थी, "मेरे दोस्त, मैं बहुत बुरा आदमी हूँ... मैं कुत्ती औरत के पाँव क्यों पकड़ूँ जाकर? मैं नहीं पकड़ूँगा...आये...ना आये... मैंने ऐसी कई सुधारी हैं, बहुत केस आते हैं इस तरह के मेरे पास, तलाक़ माँगती हैं आ-आकर...मैं देता नहीं तलाक़, रुलाता हूँ पूरा...ओ मैं जज हूँ...जज सेशन मैं...सेशन।"

आज तो साहब अपनी रूठी हुई बीवी को याद कर रहा था। इस बात से पता चलता है कि साहब का अपनी बीवी से थोड़ा नहीं, बहुत क्लेश रहता है। इतना तो मुझे पता था कि बीबी का जब भी मोहाली से साहब को फ़ोन आता था वो हमेशा झगड़ती ही थी। आज वह भावुक हुआ साढ़ू के सामने बीवी के पर्दे खोल रहा है।

रसोई में आते ही साहब मेरी ओर हुआ, "ओए मरासी, ओए मेरे बेटे...ओए तुम्बी वाले, ओए क्या बनाया आज तूने ओए? देख ओए, इन्होंने रोज़-रोज़ नहीं आना...इनकी सेवा अच्छी तरह करना...ओए क्या बना रहा है।"

साहब ढँके हुए पतीलों के ढक्कन उठा-उठाकर देख रहा था। सब्ज़ियाँ, दाल और चावल सब कुछ तैयार था। अब तो बस फुल्के ही बनाने रहते थे और वो जब खाने थे, मैंने फटाफट बना देने थे।

"सब तैयार है ओए, रोटियाँ बन गयीं या नहीं ओए? ओए लो भई आज तो मैं अपनी साली के हाथ की रोटी खाऊँगा...मैं...तो भई...मौक़ा आज मिला है...मैं तो

साली का फुल्का खाऊँगा...ओए निंदरया...आज तुम नहीं पकाओगे रोटी...मैं आज साली के हाथों की खाऊँगा।" साहब मस्ती में आकर शोर मचा रहा था।

अपने शराबी हुए जज जीजा के मुँह से अपनी प्रशंसा सुनकर साली भला कैसे ख़ुश ना होती? वह तो पहले ही ख़ुश हुई फिरती थी और अब और ख़ुशी हो गयी थी, वो फुल्के बनाने लगी। मैं पकड़ाने लगा। आज साहब से अच्छी तरह रोटी भी नहीं खायी जा रही थी, यूँ ही मूर्खताएँ कर रहा था! "जुग-जुग जी...आज तुमने जीजे की रोटी पकाई है...अरे साली, आधे घरवाली...यह तुम्हारा फुल्का, मैं सदके जाऊँ तुम्हारे गोल-मटोल फुल्के के।"

साहब की साली और साढ़ू खुला-डुला हँस रहे थे और मेरा भी खुलकर हँसने को मन कर रहा था पर मैं अपनी हँसी रोककर अन्दर-ही-अन्दर ख़ूब हँस रहा था।

तोहफ़े लेने-देने के दिन

जज साहब के रीडर ने सफ़ेदी करने वाले घर भेज दिये, वो मोटा-मोटा-सा काम करके चलते बने। दिवाली में कुछ दिन ही बाक़ी थे। मैंने सोचा था कि साहब मोहाली अपने बच्चों के पास दिवाली मनाने जायेगा। मैं भी दिवाली अपने गाँव अपने माँ-बापू के पास जाकर मनाना चाहता था पर साहब ने कहा ही नहीं था कि बेटा मेरा बैग तैयार कर दो मैंने, मोहाली जाना है। मैंने सोचा, या फिर साहब के बच्चे ही यहाँ आकर दिवाली मनायेंगे, तभी साहब मोहाली नहीं जा रहा। जब दिवाली में दो दिन रह गये तो मैंने साहब से पूछा, "सर जी, मैं दिवाली पर अपने गाँव जाना चाहता हूँ...।"

"नहीं-नहीं...तुम गाँव नहीं जा सकते...यहीं रहना पड़ेगा कोठी में...जाना भी है तो कल चला जा...एक घण्टे में लौट आना...तुम्हें पता होना चाहिए कि लोग दिवाली वाले दिन अपनी कोठी दिवाली देने आयेंगे और उन्हें चाय पानी तुम पिलाओगे या कोई और पिलायेगा?"

हाँ...! अब बात पूरी तरह मेरे दिमाग़ के खाने में बैठ गयी थी। जज साहब के दफ़्तरी अमले के अलावा कुछ ख़ास-ख़ास वकीलों, जूनियर जजों, पुलिस वालों तथा अन्य अफ़सरों ने साहब को दिवाली देने के लिए कोठी आना था।

(दिवाली का दिन हो या नये साल का पहला दिन, इन दिनों हमारे पूरे भारत में तोहफ़े लेने-देने का रिवाज़ बहुत बढ़ चुका है। इन दिनों का अफ़सर व अन्य बड़े तबके के लोग बड़ी बेसब्री से इन्तज़ार करते देखे जा सकते हैं। सुबह-सुबह ही बाहर की ओर झाँक-झाँककर इन्तज़ार करने लगते हैं कि कौन-कौन आता है और क्या-क्या लाता है...'कुत्ते झाक' और कयास लगते हैं, फलाँ का बड़ा काम करवाया था, वो तो बहुत बड़ा तोहफ़ा देगा! सच्ची बात है, इन दिनों बड़े लोगों के घर तोहफ़ों से भर जाते हैं। इन बड़ों को दिवाली या नये साल के तोहफ़े देने वाले छोटे लोग भी कौन से किसी से कम हैं? यह आगे अपने से छोटों को चूसते हैं,

उससे छोटे अगले वालों को नहीं बख्शते! यह एक कड़ी बन चुकी है, जो कभी टूटने वाली नहीं लगती, बल्कि अपनी जगह दिन-ब-दिन और ताक़तवर और पक्की होती जा रही है। एक-दूसरे को ख़ूब लूटा जाता है कि लाओ भाई लाओ, दो-दो, मैं भी आगे जाकर चढ़ावा चढ़ाऊँ। यह मोटे माल का लेन-देन बहुत गहरा धँस चुका है, अफ़सरशाहों, राजनीतिकों और उद्योगपतियों में।)

आज दिवाली वाली शाम थी। ख़ूब रौनक थी। जगमगाहट थी। साहब के रीडर ने एक बिजली मैकेनिक को कोठी भेजा। वह कुछ बल्ब और तारें लगाकर चला गया। मुझे लगने लगा कि आज हमारी कोठी में भी सचमुच दिवाली है, नहीं तो आमतौर पर यह बड़ी लाल कोठी शोक और चुप में घिरी रहती थी। आज दोपहर को दीये बेचने आयी औरत से मैंने ग्यारह दीये ले लिए थे और पैसे अपनी जेब से दे दिये थे। दीये बेचने आयी औरत पूछने लगी, "अरे बेटा तुम बत्तियाँ कैसे बनाओगे?"

मैंने बताया, "साहब के तकिए से रुई निकालूँगा और बत्तियाँ बना लूँगा और गाँव कपास चुगने थोड़े ही जाऊँगा मैं?"

औरत बोली, "ला-ला पाँच रुपये और दे...तुम्हें बँटी-बँटाई बत्तियाँ दे देती हूँ?" वह बत्तियों का लिफ़ाफ़ा भी लिए फिरती थी। वह अच्छी तरह जानती थी कि बड़े साहबों की कोठियों में बत्तियाँ बनाने का झंझट कौन करेगा? इतना समय ही किसके पास है? सो वह दीयों के साथ-साथ बत्तियाँ भी बेच रही थी। मैंने पाँच रुपये देकर बत्तियाँ दीयों वाले लिफ़ाफ़े में डालीं और बेफ़िक्र हो गया था।

मैं हैरान था कि साहब ने मुझे बिल्कुल नहीं कहा था कि जा बच्चे बाज़ार से कोई चीज़ ले आ। लोग तो बाज़ारों से लिफ़ाफ़े भर-भरकर सामान ला रहे थे और इधर यह बड़ी कोठियाँ छोटे घरों के मुँह की ओर देख रही थीं। अपने गाँव जाने का इरादा तो मैंने उसी दिन ही टाल दिया था जब साहब ने कहा था कि तू नहीं जा सकता गाँव। सो, मैं समझ गया था कि साहब को बाज़ार से कुछ मँगवाने की क्या ज़रूरत है, जब बाहर से मुफ़्त ही सब कुछ आ जायेगा।

शाम हो रही थी। साहब के दोनों गनमैन अपने पुलिस विभाग में दिवाली बाँटते-बाँटते अब अपने इस असली साहब को भी दिवाली देने आ पहुँचे थे। वे अपनी निजी कार पर आये थे। कार के पिछले हिस्से में उन्होंने मिठाई के डिब्बे और दारू की बोतलें रखी हुई थीं, ज़ाहिर था कि वे थानेदार से लेकर एस.एच.ओ., डी.एस.पी. और एस.एस.पी. दफ़्तर के बाबुओं को, जो उनकी नियुक्तियाँ करते और हटाते थे, दिवाली देकर आये थे।

डिब्बे उठाये वे कोठी के अन्दर आये। मैंने साहब के कमरे में **बैठे साहब** को जाकर बताया। साहब बाहर आ गया। उन दोनों ने एक साथ कहा, "दिवाली मुबारक हो सर...।"

साहब ने आगे से नहीं कहा कि आपको भी मुबारक हो। साहब ने एकदम यही पूछा, "तुम अपनी कार में आये हो...?"

"हाँ जी सर...।" वे फिर इकट्ठे ही बोले।

"चलो फिर मेरे साथ ज़रा...सेशन हाउस जा आये...दिवाली दे आयें...।"

साहब कमरे के अन्दर आया। गनमैनों द्वारा दिये गये दोनों डिब्बे मेरे हाथों में पकड़े हुए थे। अन्दर आकर साहब ने कहा, "ओए...यही दोनों डिब्बे एक बड़े लिफ़ाफ़े में डाल दे...पता नहीं यह क्या लाये हों...मैं सेशन जज साहब को ही दे आता हूँ...और वो सुबह स्टैनो फ्रूट की टोकरी लाया था...उसमें से कुछ फ्रूट निकाल ले...लिफ़ाफ़े में डाल ले और पेटी से एक बोतल भी उठा ले...दो लिफ़ाफ़ों में डाल लो सारा कुछ...।"

मैंने साहब के हुक्मों की तामील करते हुए दोनों लिफ़ाफ़े भर लिए थे। साहब ने एक गनमैन से कहा, "बेटे! तुम यहीं रुको...हम अभी आये...पीछे से अगर कोई आया तो उसे बिठा लेना...।"

साहब पीछे बैठ गया और मैंने दोनों लिफ़ाफ़े बड़े आदर से गोदी में रख लिए और आगे बैठ गया। पाँच मिनट में गनमैन हमें सेशन हाउस ले आया। हाउस के बाहर काफ़ी सारी महँगी और तरह-तरह की गाड़ियों की भीड़ थी। जिले के सब छोटे-मोटे अफ़सर सेशन जज साहब को दिवाली देने के लिए आये हुए थे। जिले के एस.एस.पी. की गाड़ी और काफ़िला भी बाहर खड़ा था। मैं लिफ़ाफ़े उठाकर अपने साहब के आगे-आगे चलने लगा...तो साहब घूरकर बोला, "आग लगी हैं तुम्हें...? उल्लू...मेरे पीछे-पीछे चलो, तुम धीरे-धीरे चलो।"

डाँट खाकर मैं साहब के पीछे-पीछे चलने लगा। सेशन जज साहब व अन्य अफ़सर बरामदे में ही बैठे हुए थे। सेशन जज साहब ने हमारे साहब से बैठे-बैठे ही हाथ मिलाया...(क्योंकि हमारा साहब एडिशनल सेशन जज था) बाक़ी के सब अफ़सर और ए.एस.पी. ने हमारे साहब के साथ उठकर हाथ मिलाया और अन्य अफ़सर भी सम्मान में सीटों से उठ गये थे। हमारा साहब नज़दीक पड़ी ख़ाली कुर्सी पर बैठ गया था। एक तरफ़ रखे मेज़ पर लिफ़ाफ़े रखकर मैं पीछे लौट आया।

अभी पाँच-सात मिनट ही बीते थे कि हमारा साहब भी ढीला-सा मुँह लेकर आ गया और हम कोठी आ पहुँचे। हमारी कोठी के आगे दो कारें खड़ी थीं। साहब बोला, "भई लगता है, जैसे अपनी कोठी भी कोई आया है।"

मैंने देखा कि साहब के चेहरे पर रौनक आ गयी थी।

डी.एस.पी. और एस.डी.एम. आए बैठे थे। मैं दोनों के लिए जूस के गिलास भर लाया। उनकी तरफ़ से लाये गये तोहफ़े उनके गनमैनों ने पहले ही उतारकर रख दिये थे। पाँच-सात मिनट की सरसरी गपशप के बाद वे उठे, उन्होंने कौन-सा अभी एक जगह दिवाली देनी थी? जगह-जगह जाना बाक़ी था उनको भी!

मैं 'दिवाली तमाशा' देख-देखकर हैरान था कि वाह ओ मेरे भारत, तुम्हारा क्या बनेगा?

डी.एस.पी. और एस.डी.एम. के चले जाने के बाद तो कुछ देर बाद ही हमारी कोठी में दिवाली देने के लिए आने वालों की संख्या बढ़ गयी। सेशन कोर्ट का सुपरिंटेंडेंट, नाजर, स्टोर इंचार्ज, कई थानों के एस.एच.ओ., अहलमद और रीडर दिवाली देकर खड़े-खड़े मिनटों में ही लौट गये थे। साहब से जूनियर जज भी अब आने लगे थे। अगर कोई कुर्सी पर बैठता था तो जैसे कुर्सी पर बैठने की रस्म ही अदा करता और 'दिवाली मुबारक' कहकर तोहफ़ा पकड़ाकर भागने की करता। सबके पास वक़्त की कमी थी।

साहब का कमरा तोहफ़ों से भर गया था। सारे शहर में पटाखे चलने लगे थे। आसपास के अफ़सरों की कोठियों में ख़ूब रौनक थी। साहब ने कहा, "जा ओए तुम्बी मास्टर जा, मार्केट से आधा किलो मीट ले आ, नहीं-नहीं ओए आधा किलो रहने दे...आधा पाव ही लाना...मुझ अकेले से इतना कहाँ खाया जायेगा।"

मैंने साइकिल निकाली और मीट मार्केट आया। यहाँ मीट लेने वालों की लम्बी क़तारें थीं। मुझे यहाँ बहुत वक़्त लगना था। मैं आगे होकर मीट तुलवाने की कोशिश करने लगा, तो एक झटकई ने मुझे पहचान लिया, "दिवाली मुबारक भाई साब...आ जाओ-आ जाओ कितना दूँ जी...पहले आपको ही भेजूँ?"

"आधा पाव डाल दो जी।" मेरे इतना कहते ही झटकई ने आधा किलो मीट लिफ़ाफ़े में डालकर मेरे हाथ में पकड़ा दिया। मैं पैसे देने लगा तो उसने कहा, "ना जी, ना जी महारज...इतना भार मत चढ़ाओ, रखो जेब में पैसे, आज तो दिवाली है...हमारी ओर से यही दिवाली क़बूल करना जी।"

अब मैंने झटकई को अच्छी तरह पहचान लिया था, यह तो हमारे कोर्ट में आता रहा था, इसका अपनी बीवी से तलाक़ का केस हमारे साहब के पास ही लगा

हुआ था। जब मैंने मीट वाला लिफ़ाफ़ा साइकिल पर टाँगकर पैडल पर पैर रखा तो झटकई की आवाज़ आयी, "भाई साहब! ज़रा आवाज़ जल्दी मार दिया करो, आकर मैंने मीट भी बेचना होता है।"

साइकिल भगाता हुआ मैं सारे रास्ते हँसता आया, जब कोठी पहुँचा तो हँसी ग़ायब हो गयी।

लाकर कूकर में मीट बनाने लगा तो नज़दीक घूम रहा साहब कहने लगा, "ओए तुझे कहा था आधा पाव लाना है, आधा किलो किसलिए ले आया, इतना मैं अकेला कैसे खाऊँगा?"

मैं दिलेर हो गया था, "सर...इस पर कौन-से पाउंड लगे हैं, मुफ़्त दे दिया है झटकई ने, वही झटकई है जो अपने कोर्ट में पेशी पर आता है, भगतू मल बनाम कान्ता देवी केस वाला, यह लीजिए सौ रुपया वापस, बचा हुआ मीट मैं खाऊँगा सर, पहले आप खा लीजिएगा, अब मैं सर दिवाली कहाँ जाकर मनाऊँ? मेरा भी दिल करता है दिवाली मनाने को सर।"

सौ रुपया जेब में डालकर साहब प्रसन्न हो गया था।

"ओ खा लेना बेटा...खा लेना।" कहता हुआ साहब कमरे में जा रहा था।

मैंने फ्रिज से खारा सोडा और पानी की बोतल निकाली और साहब के कमरे में रखने चला गया। पटाखों का शोर और ऊँचा हो रहा था। साहब ने दो मोटे-मोटे पेग बनाकर अन्दर फेंके और फिर नहाने के लिए गुसलखाने में घुस गया। साहब अक्सर नहाते समय ज़्यादा वक़्त लगा देता था। मैंने रसोई से स्टील का गिलास उठाया, क्योंकि आज बड़े लोगों की ओर देखकर मेरा मन भी पेग लगाने को हो आया था। मैंने साहब की बोतल से अपने पीने के लिए शराब स्टील के गिलास में उलटा ली और बाक़ी बोतल में उतना ही खारा सोडा मिला दिया कि कहीं साहब मेरी चोरी ही ना पकड़ ले! आज चोरी की दारू पीकर मुझे बड़ा मज़ा आया था। रोटी खाने के बाद साहब बोला, ओए ये देख...डिब्बे खोल-खोलकर...क्या-क्या है इनमें?"

साहब और मैं तोहफ़ों वाले डिब्बे खोलने लगे। जब कोई क़ीमती और महँगी शै डिब्बे से निकलती, तो साहब ख़ुश हो जाता। शराब की महँगी बोतलें बढ़िया पेपरों में पैक की हुई, कई अफ़सरों ने भेंट की थीं। एक डिब्बे से कोट-पैंट सिलवाने के लिए महँगा कपड़ा निकला, तो साहब कपड़े को ध्यान से देखने लगा, जैसे अभी दर्ज़ी को हुक्म देना हो कि मेरा कफ़न सिल दो भाई। किसी डिब्बे में महँगी क्रॉकरी थी।

ड्राईफ्रूटों के डिब्बे भी थे। साहब ने मिठाई का एक डिब्बा खोला, उसमें आगरे का पेठा था, साहब ने पेठे का पीस उठाया नाक से लगाया, "ओए, ऐसा लग रहा है जैसे यह पेठा बासी है।"

मैंने साहब से वही पेठा पकड़कर सूँघा, "नहीं जी...नहीं सर...ठीक है जी...औ राइट है जी सर...।"

"लो हद हो गयी, साला बेवकूफ़, आज अंग्रेज़ी बोल रहा है तोते की तरह, मेरा नाक कैसे झूठा हो गया और तेरा नाक सच्चा...? जब मैंने कह दिया कि पेठा बासी है, मुझे लगता है, यह डिब्बा वही साला चगल-सा थानेदार देकर गया है, काला-सा...कोई बात नहीं अब आने दे इसे पेशी पर...सारा दिन खड़ा रखूँगा साले को...शाम को भेजा करूँगा, फिर पता चलेगा साले को कि कैसे तोहफ़ा देते हैं जज साहब को...।"

"सर छोड़ो जी, थानेदार ने पेठा कौन-सा घर में बनाया है, चलो कोई ना जी...।"

"तुम्हारा मामा लगता है थानेदार...? उसकी वकालत कर रहा है बेवकूफ़ कहीं का...।"

मैं चुप कर गया। साहब अभी भी पेठे वाले डिब्बे की ओर घूर-घूरकर देख रहा था। साहब बोला, "ओए...यह पेठा तुम ले जाना गाँव अपने, इसे धूप लगवा लेना, फिर ठीक हो जायेगा, अगर इसमें कीड़े हुए तो वो भी धूप से मर जायेंगे...।"

"सर...मैं क्यों गला-सड़ा पेठा अपने गाँव लेकर जाऊँ...अगर धूप लगवाकर खाया जा सकता है तो कल धूप लगवा दूँगा...आप खा लेना, नहीं तो कुत्तों को डाल दूँगा।"

"चुप कर साला...आज कैसे दिलेर हुआ फिरता है दिवाली के दिन...।" मेरे सिर पर खड़ा साहब भड़का।

मैं अगले तोहफ़े वाला डिब्बा खोलने लगा था।

मेरी चोरी पकड़ी गयी

साहब अपने बेडरूम में बैठा किसी अहम केस की फ़ाइल देख रहा था। कोठी के बाहर शोर होने लगा। मैं भागा-भागा गया, पता नहीं कौन थे, ऊँची-ऊँची आवाज़ में झगड़ रहे थे। फिर मैं भागा-भागा साहब के पास अन्दर आया, "सर जी, वहाँ पता नहीं कौन हैं, झगड़ रहे हैं, बहुत लोग इकट्ठे हुए हैं।"

"फिटे मुँह तेरा, साला पागल, कोई हो ना हो, लड़े मरे...तुम मेरा सिर क्यों चाट रहे हो, भौंका।"

साहब खफ़ा हो गया और मैं कमरे से बाहर भाग आया।

शाम के समय जब साहब मूड बना रहा था, तो मैं अपनी मौज में आया? तुम्बी उठाकर गाने लगा :

बोलण नालों चुप्प चंगेरी
चुप दे नालों परदा
जे मनसूर ना बोलदा
सूली काहनू चड़दा

साहब को कोई बात सूझी और वह मेरे गाते-गाते बीच में ही बोला, "बात सुन ओए...तू आया बड़ा गवइया...तुम ख़ुद तो एक मिनट भी भौंकना बन्द नहीं करते तो मनसूर भला कैसे चुप कर जाता? तुम यह गीत गा रहे हो कि बोलने से चुप अच्छी...तुम ऐसे गाओ कि भौंकने से चुप अच्छी...निंदर भौंकने से ना हटता तो सूली पर ना चढ़ता...ह...ह...ह...।"

"लो सर जी...आप तो यूँ ही कह रहे हो...मैं कब भौंकता हूँ...कभी देखा मुझे भौंकते हुए आपने?"

"और क्या...आज सुबह ही भौंक रहा था तू...जब मैं क़त्ल केस की फ़ाइल पढ़ रहा था...जी बाहर कोई झगड़ रहा है...कोई लड़े, कोई मरे...मैंने छुड़ाने थे जाकर भौंके...।"

"सर जी पहले आपने मेरा नाम 'मरासी' रखा था...अब भौंका ना रख दीजिएगा।"

"ओए नहीं मरासी...नहीं डालता तुम्हारा नाम भौंका...वैसे हो तो तुम पक्के भौंके ही...।"

साहब को जैसे मैं ख़ुद ही 'मरासी' याद दिला बैठा था। फिर साहब ने नया ही शोशा छोड़ा, "तुम मरासी भले ही असली नहीं, पर गाने वाले तो हो...यह सारे गाने वाले मरासी ही होते हैं...।"

"नहीं जी नहीं...सर जी...सारे मरासी कब होते हैं...गरेवाल हरचरण मरासी था? यह गुरदास मान और हरभजन मान मरासी हैं क्या? यह मान जट्ट हैं, और भी बड़े जट्ट गाते हैं, अब तो हरेक जट्ट ही गाने वाला बना फिरता है, कोई सिद्धू है, कोई बराड़ है...कोई भुल्लर है...कोई संधू है...कोई गिल है...कोई चहल है...कोई औलख है और कोई ढिल्लों है...सारे जट्ट ही गाने लगे हैं...जैसे और कोई काम ही ना बचा हो जट्टों के पास...खेतीबाड़ी फेल हो गयी है अब।"

"ओए बात सुन...मेरा सिर ना खा...कोई चुटकुला सुना...मरासियों को चुटकुले बहुत आते हैं...गाने वालों को।"

मुझे एक चुटकुला याद आया...जो गाने वालों पर ही था! मैं सुनाने लगा, "सर जी...एक लड़का था...वह सुबह-सुबह उठकर गाना गाता था छत पर चढ़कर...बेसुरे अलाप लगाता, जब वह गाना शुरू किया करे तो उसके साथ ही पड़ोसियों का कुत्ता रोने लगे...जब कुत्ता रोना शुरू करता तो लड़का गाता-गाता डिस्टर्ब हो जाया करे, सर जी...एक दिन लड़का बहुत ही दुखी हो गया और अपने बापू से कहने लगा, बापू जी मैं दुखी हूँ...जब मैं गाता हूँ...कुत्ता रोता है...पड़ोसियों को कहिए जाकर कि कुत्ता चुप कराया करें...और सर जी...जब लड़के का बापू उलाहना देने गया...कहने लगा भाई हमारा लड़का जब गाता है तो आपका कुत्ता रोता है...चुप कराया करो भाई और सर जी...पड़ोसन कहने लगी, भाई जी, हम कुत्ते को कैसे रोकें...पहल तो आपका लड़का ही करता है... पहले वो रोने लगता है...कुत्ता तो बाद में ही रोता है...और सर जी...लड़के का बापू नमोशी का मारा घर आ गया...लड़के को जब बात बतायी तो उसे बड़ी शर्म आयी...वह लड़का घर से निकल गया और कुछ महीनों बाद पंजाब का महाबेसुरा पॉप सिंगर बनकर मशहूर हो गया।"

साहब ख़ूब हँसा था चुटकुला सुनकर। मैं भी हँसता-हँसता अपना काम करने लगा।

किशन छुट्टी काटकर आ गया था। कई दिन साहब उसके साथ ढंग से ना बोला, फिर ख़ुद ही ठीक-ठाक हो गया। अब किशन कोठी में काम करता और मैं कचहरी में आवाज़ें मारता था। वैसे मैं कोठी में किशन के साथ काम में हाथ बँटाता रहता था। मुझे कचहरी का काम आसान लगता था, कुछ पहचान वाले भी मिल जाते थे। अब कुछ ठीक दिन थे।

जज साहब के कचहरी आने से घण्टा पहले मैं केसों की फ़ाइलों वाला अटैची अपनी साइकिल पर लादकर कचहरी आ जाता था। साहब के बैठने वाला ऊँचा चैम्बर, अदालत में पड़ी कुर्सियाँ, मेज़, सफ़ाई-सेवक आकर पहले ही साफ़ कर जाता था। मैं आकर नलके से वाटर कूलर भर लाता या कपड़ा मारकर मिट्टी-मैला झाड़ देता। रिटायरिंग रूम में साहब के मेज़ पर काँच के बड़े गिलास में पानी भरकर रखता, क्योंकि साहब कार से उतरते ही पहले सीधा रिटायरिंग रूम में ही बैठता था। वहाँ कुछ देर बैठने के बाद केसों की सुनवाई के लिए ऊँचे चैम्बर पर चढ़ जाता। वहाँ भी पानी का गिलास अलग रखा होता। एक दिन स्टैनो से फ़ाइल की नुक्कर लगने से गिलास टेढ़ा हो गया। साहब मुझ पर खफ़ा होने लगा, "तुम गिलास रखते ही ऐसी जगह पर हो...इस ओर रख दिया कर...मेज़ सारा गीला हो गया अक्ल के अँधे हो तुम...।"

मैंने पूछा, "और लाऊँ पानी साहब?"

"आग बुझानी है क्या? सारा दिन पानी-पानी करता रहता है...यह मेज़ गीला कर दिया अब...।"

साहब टूटकर पड़ गया था। साथ खड़े वकील भी हैरान थे कि गिरा तो पानी ही है और जज साहब कितने खफ़ा हुए बैठे हैं।

कई बार जज साहब वकीलों और मुंशियों पर भी गर्म हो जाया करते थे, अगर कोई वकील लेट पेश होता तो आकर 'सॉरी सर' कहता। जज साहब खीझे होते। ज़्यादातर वकील तो आवाज़ पड़ते ही आ हाज़िर होते। छोटी अदालतों (लोअर कोर्ट) में पेश होते समय वकील काला कोट कम ही पहनकर जाते थे, मगर हमारे साहब की अदालत में सब काला कोट पहनकर और टाई लगाकर ही पेश होते थे। ज़्यादातर नये मुंशी तो साहब से डरते पीछे ही खड़े रहते थे। मैं रीडर से तारीख़ पूछकर कइयों को फ़ारिग कर देता था, क्योंकि मैं ख़ुद मुंशी रह चुका था और मुंशियों की समस्याओं का मुझे अच्छी तरह पता था।

एक दिन मैं स्वाभाविक ही पूछ बैठा, "सर...बीबी जी तो कभी आये नहीं, कब आयेंगे बीबी जी?"

"तुमने बीबी से दही लेना है क्या साले...कुत्ते की पूँछ हो तुम...बारह सालों के बाद भी टेढ़ी की टेढ़ी रहती है...भौंकने से हट जाया कर किसी समय तो, अपने काम से मतलब रखा कर...सुना या नहीं सुना? लगता है तुम्हारे कानों में कीड़े पड़ गये हैं, पशुओं वाले तेल से मरेंगे ये कीड़े...।"

साहब की गालियों या झिड़कियों का मुझे अब ग़ुस्सा आना हट गया था। साहब को छेड़कर मुझे बड़ा स्वाद आता था। एक दिन साहब ने पानी माँगा, तो मैं वैसे ही गिलास भरकर हाथों में पकड़कर ले गया था। साहब ने कहा, "बात सुन ओए, ट्रे कहाँ है? आगे से इस तरह पानी या कोई और चीज़ पकड़ाई तो मैं तुम्हारा सिर फोड़ दूँगा...जो चीज़ भी माँगूँ...बाइज़्ज़त ट्रे में रखकर लाना...कोई मेहमान चीज़ माँगे, तो भी...सुन लिया या नहीं?"

"अच्छा जी सर, आगे से ध्यान रखूँगा।"

दूसरे दिन ही सुबह कोई उनका दोस्त जज साहब को मिलने आ गया। ड्राइंग रूम में बैठे थे। घण्टी बजी, मैं अन्दर गया, "ओ बेटे बात सुन...बाहर मेरी कार में ड्राइवर से मेरी ऐनक ला।"

मैं ऐनक पकड़कर आता हुआ सोच रहा था कि अगर इसे हाथ में लेकर जाऊँगा, तो अच्छा नहीं लगेगा, साहब ग़ुस्से होगा, सो मैं रसोई में आया, ऐनक ट्रे में रखी और जा हाज़िर की। आये हुए दोस्त साहब तो हैरान थे ही, हमारा साहब बुरी तरह खीझ गया, "दुर फिटे मुँह, अक्ल मारी गयी है तुम्हारी, यह क्या ओए...?"

"सर जी, आपने ही कल कहा था कि जो भी चीज़ लानी है ट्रे में रखकर देनी है।"

"चुप कर साला...भौंकता है, अगर मैं चप्पल या बूट माँगूँ तो वो भी ट्रे में रखकर दोगे? भाग जा यहाँ से बेवकूफ़...।"

मैं रसोई में आकर बहुत हँसा था...ख़ूब हँसा था।

एक दिन कचहरी में मुझे पंजाबी सांस्कृतिक मेलों के संचालक जगदेव सिंह जसोवाल ने ढूँढ़ लिया। उन्होंने मेरी उस्ताद यमला जट्ट के बारे में लिखी किताब पढ़ी हुई थी और नौकरी लगने से पहले मैं उन्हें मिलता भी रहता था। कहने लगे, "तेरे उस्ताद यमला जट्ट की याद में एक भारी सांस्कृतिक मेला लग रहा है... वहाँ तुम्हारा पहुँचना बड़ा ज़रूरी है...तुम उस्ताद यमला जी के शिष्य हो...उनके बारे में किताब भी लिखी है...और भी कई कुछ लिखा है, मेले पर तुम्हारा पूरा-पूरा

मान-सम्मान करेंगे...तुम वहाँ अपने उस्ताद जी के कोई चार-पाँच गीत गा देना ताकि उनकी याद भी लोगों में ताज़ा हो सके, ये पक्का समझना।"

जसोवाल अपनी गाड़ी कचहरी में ही ले आया था। मैं डर रहा था कि अन्दर से साहब ही ना घण्टी बजा दे।

जसोवाल फिर बोला, "कैसे मुँह फुलाया है, तुम यहाँ आवाज़ें मारते फिरते हो लोगों को...पंजाब के लोग तुम्हें आवाज़ें मारते फिरते हैं...सारी उम्र यहीं खड़े-खड़े मर जाओगे...हुआ क्या है तुम्हें...? अभी उम्र ही क्या है तुम्हारी...अच्छा, मैं जा रहा हूँ अब...तुम जज साहब से किसी ना किसी तरह छुट्टी लेकर मेले पर आना।"

मैंने भरे मन से कहा, "बापू जी...चाय लाऊँ आपके लिए?"

हालाँकि मुझे पता था कि मैं बापू जसोवाल को चाय नहीं पिला सकता था। बापू ने कहा, "नहीं, मैं नहीं पिऊँगा चाय।"

जसोवाल भी भरे मन से कार में बैठकर चला गया।

मेरे उस्ताद जी के नाम पर इतना बड़ा और अच्छा मेला किया जा रहा था और मैं वहाँ जाने से जवाब भला कैसे दे सकता था? मेले में अभी दस दिन बाक़ी थे, मैंने उनसे पक्का वादा किया था कि मैं हर हाल में मेले में पहुँचूँगा।

पहले मैं चाहता था कि साहब को सच-सच बताकर छुट्टी ले लूँ, जैसे रेडियो प्रोग्राम के लिए ली थी। फिर मेरे मन में आया कि अगर साहब ने जाने से मना कर दिया तो फिर? ऐसे भी कह सकता है कि तुम अब इस काम पर ही हो गये हो। इसलिए अगर साहब को ना ही बताया जाये तो ठीक रहेगा। मेले में जाने के लिए मैं कई तरह की तरकीबें बबा रहा था।

साहब की कोठी के सामने बनी हुई सरकारी कॉलोनी के क्वार्टरों में मेरा एक दोस्त था, उसे भी और उसके बापू को साहित्य पढ़ने का शौक़ था। मेरी वे बाप-बेटा बहुत क़द्र करते थे। अच्छा मेल-मिलाप था उनके साथ मेरा। मेले जाने के बारे में जब मैंने उसे बताया तो वह बोला, "मैं भी तुम्हारे साथ चलूँगा मेले में।"

मैंने कहा, "जायेंगे कैसे? कोई स्कीम तो बना यार, तरीका ढूँढ़ कोई भाई।"

दोस्त ने तुरन्त तरीका ढूँढ़ लिया, कहने लगा, "तुम ऐसा करो, जज साहब के घर का फ़ोन नम्बर दो मुझे...मैं फ़ोन करूँगा...कहूँगा...जी मैं निंदर का भाई बोल रहा हूँ। गाँव में किसी से झगड़ा हो गया है...निंदर को छुट्टी देकर जल्दी भेज दीजिए,...तुम भाग आना, साहब छुट्टी ज़रूर दे देगा...देखते जाओ तुम...यह काम पक्का बन जायेगा और हम इकट्ठे मेले जायेंगे।"

दोस्त की बात मुझे जँच गयी थी। और ऐसे हमने प्रोग्राम बना लिया था, साहब की कोठी का फ़ोन मैंने उसे लिखा दिया था। तुम्बी वाला झोला मैंने दोस्त को पहले ही पकड़ा दिया था और सीधे हमने मेले के लिए निकल जाना था। मेले से एक दिन पहले दोस्त ने शाम को फ़ोन करना था।

मैं फ़ोन का इन्तज़ार करता हुआ आसपास ही घूम रहा था। मन में यह भी डर था कि हमारी यह स्कीम फेल ही ना हो जाये, फिर क्या बनेगा हमारा?

फ़ोन बजा तो, साहब ने उठाया, "हैलो, कौन बोल रहा है, अच्छा, हाँ है निंदर,...ये लो तुम्हारा फ़ोन है गाँव से बात करो।"

मैंने फ़ोन कान से लगाया और नाटक-सा करने लगा, "हैं...? अरे बाप रे... भाई गौड़...किसके साथ? अरे...चोटें कितनी लगी हैं? अरे भाई...? हैं...? सिर फाड़ दिया...? ओ तेरी...? वो तो ठीक है...? चोटें ज़्यादा तो नहीं लगीं...? ज़्यादा हैं? ठीक है फिर मैं साहब से छुट्टी लेकर आता हूँ अभी...।"

नाटक करता हुआ मैं फ़ोन रखकर हाथ मलने लगा।

"अब जाओगे तुम...कल जल्दी आ जाना...चला जा...वैसे तो यहाँ किशन है...चोटें काफ़ी लगी हैं? गाँव में तुम्हारे गलियों-नालियों के पीछे सिर फाड़ते रहते हैं लोग एक-दूसरे के...जाऊ-जाऊ तुम।" साहब ने कहा।

मैं जल्दी-जल्दी दोस्त के घर आया। हम हँस रहे थे कि बड़ा दाँव लगा है आज। कोठियों में से होते हुए हम चोरों की तरह छिपते-छिपाते बस अड्डे पर आ गये।

कार्यक्रम में पहले तो मेले वालों ने गर्मजोशी से स्वागत किया। जसोवाल जी मुझे आया देख बड़े ख़ुश हुए। हमारे रहने और खाने-पीने का अच्छा प्रबन्ध था। सुबह मेले वाली जगह पर बहुत जमघट था। एक मन्त्री जी भी तशरीफ़ लाये हुए थे। मैंने तुम्बी टुनकाई, उस्ताद यमला जी के कई गीत गाये, लोगों ने बड़े पसन्द किये, ख़ूब तालियाँ बजायीं। मुझे बड़ा हौसला मिला। कुछ पैसे इनाम के तौर पर मिले। मन्त्री जी ने सम्मान किया, गले में हार डाले गये, लोई और सम्मान पत्र, मोमेंटो भी भेंट हुआ। फ़ोटो खींचे गये। समय पर ही काम ख़त्म हो गया था। बस में बैठे और अपने ठिकाने आ पहुँचे। अपना सारा सामान मैंने दोस्त के घर ही रख दिया था। कोठी आकर साहब को 'सत श्री अकाल' कही।

"कैसे हैं अब? निपट गया लड़ाई-झगड़ा...चोटें वग़ैरह ठीक हैं?"

"हाँ जी सर, पड़ोसी झगड़ पड़े थे...हमारे आदमियों को पीट गये...अब तो देखो...जी कुछ बनता है कि नहीं..?"

लगा कि बात आयी-गयी सी हो गयी है। मैं ख़ुशी के मारे सारे काम करता फिर रहा था। मेले की रौनक का आनन्द अभी भी मेरे मन में तरोताज़ा था।

दूसरे दिन सुबह रोज़ की तरह साहब के पास अख़बार आये। एक अख़बार अंग्रेज़ी का आता था और दूसरा पंजाबी का। पंजाबी अख़बार में मेले की विस्तार से रिपोर्ट छपी हुई थी और साथ फ़ोटो भी छपी हुई थी, मेरी फ़ोटो भी मन्त्री जी और जसोवाल के साथ खड़े की पूरे कैप्शन के साथ साफ़-साफ़ दिखाई दे रही थी। साहब ने मुझे ज़ोर से आवाज़ लगायी, "ओए इधर आ, यह क्या है? यहाँ कब चला गया तू? हैं ओए? ओए कुत्तेया...यह...तो कल ही हुआ है...तुम कैसे यहाँ...? तुम तो गाँव गये थे झगड़ा निपटाने के लिए...यमले जट्ट का मेला और तुम्हारा गाँव, यह क्या कहानी हुई...?"

साहब कभी मेरी ओर देखता और कभी अख़बार में छपी रिपोर्ट की ओर।

"तू गाँव का बहाना लगाकर...मेले चला गया था..जिस कुएँ का तुमने पानी पिया है वहाँ ईंटें मैंने ही लगायी हैं...मुझे मूर्ख बनाते हो तुम...? तुम इतने झूठे और फरेबी हो...? मेले में गया क्यों तू? इतना झूठ बोला...? बड़ा गन्दा है तू तो..हद हो गयी यार...कल का छोकरा...मुझे मूर्ख बनाता है...?"

"सर जी माफ़ कर दो, माफ़ कर दो...आगे से नहीं झूठ बोलता मैं...इस बार माफ़ कर दो साहब मेरे को...।"

"तुम्हारे जैसे साले...तुम समझते क्या हो अपने आप को ओए? मैंने तुम्हें सीधा ना किया तो मुझे भी सेशन जज ना कहना...देखो तो सही कैसे खड़ा है गिरगिट की तरह अकड़कर...मन्त्रियों के साथ...गले में हार डाले हैं...शक्ल तुम्हारी है हारों वाली...तुम्हारे गले में मैंने टूटे छितरों का हार न डाला...फिर कहना...आ गया बड़ा गवइया तू...तोड़ूँ तुम्हारी टाँगें, कल करूँगा सेशन जज से बात...तुम्हारा काम तमाम करूँगा...घर भगाऊँ तुम्हें...मुझे अन्धा बना रहे हो साले।

"सर जी, माफ़ कर दो जी...आगे से नहीं झूठ बोलता जी...इस बार माफ़ कर दो जी प्लीज़ सर।"

मैं माफ़ियाँ माँग रहा था, साहब ऊँची-ऊँची बेरोक बोले जा रहा था। साहब बहुत ग़ुस्से में था। मेरी कुछ समझ में नहीं आ रहा था, क्योंकि साहब ने मेरी चोरी पकड़ ली थी।

अब गाने लगा साहब भी

साहब ठेठ मलवई था। मालवे की पैदाइश थी, शिक्षा भी मालवे में, देहाती जट्ट था, वैसे भी स्पष्ट, भाषा भी सरल थी पर ठाठ भी पूरा जैसा पहले ज़िक्र किया है, नौकरी भी लम्बे समय से मालवा में ही कर रहा था। अपने गाँव भले ही कम जाता था, ज़्यादा अपनी मौज में ही रहकर ख़ुश था। जब कभी साहब मोहाली जाता और वापस लौटता तो तनाव से भरा हुआ ही लौटता था, जैसे कलेश करने के लिए ही जाता था। कई बार मैंने अपने साथ वाले अर्दलियों से कहा था कि मैंने साहब का नाम 'कलेशी' रख दिया है। सुबह जब साहब की कार कोर्ट के बाहर आकर खड़ी होती तो दूसरे अर्दली देखकर कहते, "लो जी, आ गया है कलेशी...।"

'तूतक तूतक तूतियाँ, हई जमा लो...' यह गीत बहुत मशहूर हुआ था, जिस गली-मोहल्ले में घुसो, यही बजता सुनायी देता था। जज साहब के कानों में भी यह कहीं से पड़ गया था।

एक दिन साहब कहने लगा, "मेरी बात सुन ओए तुम्बी मास्टर, तुम यूँ ही टुंग-लुंग-लुंग सी उठाये फिरते हो...तुम भी ऐसा गाना शुरू करो...तूतक तूतक तू तियाँ...छोड़ो तुम्बी का पीछा...यमला जट्ट मर गया...तुम्बी भी मर गयी...यूँ ही कद्दू में डंडा फँसाये फिरता है, अगर गाना है तो ऐसा गा जैसे मलकीत गाता है...तूतक तूतक तूतियाँ...नीं आ जा तूतां वाले खूह ते...।"

साहब की यह बातें बेतुकी थीं। कोई अर्थ नहीं था इन बातों का। मैं साहब को अनेक बार बता भी चुका हूँ कि मैं यमले जट्ट का चेला-श्रद्धालु हूँ...गाना मेरा धन्धा नहीं शौक़ है, तुम्बी मेरे गुरु की निशानी है, साहब का इन बातों से कोई वास्ता नहीं था। जो उसके मन में आता था, वह सुना देता था। पंजाबी गायकी,

साहित्य और कला के बारे में या संगीत-कल्चर के बारे में भी उसे बिल्कुल भी जानकारी नहीं थी।

शाम हुई, साहब मूड बनाने लगा। आज साहब पूरा ख़ुश था। आज एक ख़बर आयी थी कि जजों के वेतन में भारी वृद्धि की गयी है। मैंने तो यूँ ही पूछ लिया, "सर जी, आज आप मलकीत के गाने तूतक तूतक तूतियाँ की बात करते थे, आपने कहाँ से सुन लिया यह गीत सर जी?"

"और तुम ही अकेले गीत सुनने-सुनाने जानते हो? मैं नहीं सुन सकता? अगर मैं गाऊँ भी तो तुमसे सौ गुना अच्छा गाऊँगा? साले तू यह क्या टुंग-लुंग-लुंग करता रहता है...यह तो मेरे लिए मामूली-सी बात है।"

साहब ने व्हिस्की का पेग अन्दर फेंका और भुजिया खाया।

मैं रसोई की ओर जाने लगा, "ओए, जाता किधर है, इधर आ मेरे पास...जा अपनी टुंग-लुंग उठाकर ला...मैं बजाकर दिखाऊँ तुम्हें..तुम तो समझते हो ना कि यह तुम्हें ही अकेले को बजानी आती है...देखना इसे कैसे बजाता हूँ मैं...तुमसे तो अच्छी ही बजाऊँगा...देखना अब।"

यह सुनकर मैं एकदम घबरा गया कि साहब तो अब तुम्बी की तार ही तोड़ देगा। यह नया ही पंगा खड़ा हो गया है। इसे क्या पता तुम्बी बजाने का, ना कभी इसने पकड़ी है, ना पता है पकड़ने का, ना सुर। अब नशई हुए को क्या है कहूँ...मैं? ख़ैर, मैं तुम्बी उठा लाया था।

"ओए ला, ओए ला, पकड़ा मुझे मरासी टुंग-लुंग-लुंग-लुंग अपनी।" मैंने डरते हुए साहब की ओर तुम्बी बढ़ा दी। साहब ने उलटे हाथ से उलटी तुम्बी पकड़ ली। तार पर उलटी-सीधी उँगली मारने लगा। तुम्बी बेचारी टुंग-लुंग करके टुनकने के बजाये 'ढिप-ढप-ढप-ढप' करने लगी। मैं डर रहा था कि साहब तुम्बी की तार तोड़कर ही रहेगा आज। साहब तुम्बी के साथ माथा मारने लगा, पर तुम्बी 'ढिप-ढप-ढप-ढप' ही करती रही। आख़िर, जब बात न बनी, तो साहब मेरी ओर तुम्बी बढ़ाता हुआ बोला, "यह लो पकड़ो मरासी, मुझसे नहीं बजती, तू ही बजा इसे, ले पकड़ अपनी...उलटा पंगा ले बैठा था मैं...।"

मैंने तुम्बी पकड़ी और तार सैट की। उस्ताद यमले जट्ट के गीत, 'जगते नू छड के तू भगते नू कर लै, जिन तेरा होणा ए सहाई' की तर्ज़ निकालने लगा। साहब ने एक और पेग अन्दर फेंका, सिर मारने लगा, "देख ओए, अब कैसे टुनकती है साली...? मेरे हाथ में आकर गूंगी-सी बनी रही...**अब** देख कैसे टुनकने लगी है... मरासी ही बजा सकता है इसे।"

मैं तर्ज़ निकाल ही रहा था कि साहब बोला, "ओए बात सुन...ओ मरासी, तू तुम्बी पर 'तूतक तूतक तूतयाँ' की तर्ज़ निकाल...मैं गीत गाता हूँ...और तू तुम्बी बजा...मेरे साथ...बजा ओए तुम्बी बजा...।"

मैं और हैरान हो था कि साहब को आज गाना कहाँ से उतर आया है? और फर्क देखो, कहाँ तुम्बी और कहाँ 'तूतक तूतक तूतियाँ...' गीत...पॉप डांस...और तुम्बी के साथ इसका क्या मेल हुआ भला?

मैंने कहा, "सर जी...यह गीत तो पश्चिमी साज़ों पर गाया है मलकीत ने... यह तुम्बी पर नहीं गाया जा सकता...यह गाना तो जी इलेक्ट्रॉनिक साज़ों पर गाया जाता है।"

"दुर फिटे मुँह तेरे...अक्ल के अन्धे...तू मुझे समझा रहा है...? बनता है बड़ा ग़ुलाम अली खान तू...मैंने तुम्हें बीस बार कहा है कि मुझे मत समझाया कर...हरेक बात में ख़ुद ही आगे-आगे होने लगता है...क्यों नहीं गाते तुम्बी पर...ला पकड़ा मुझे तुम्बी...मैं तुम्हें गाकर दिखाऊँ...।"

साहब ने मेरे हाथ से तुम्बी पकड़ ली और ऊँची-ऊँची आवाज़ में गला फाड़-फाड़कर बोलने लगा :

ओ हई जमा लो
तूतक तूतक तूतियाँ भई तूतक तूतक तूतियाँ

तुम्बी कहाँ से बजती? वह फिर 'ढिप-ढिप-ढप-ढप' ही करती रही और साहब मुँह ऊपर उठाकर पागलों की तरह तूतक तूतक-तूतियाँ-नी आजा तूतां वाले खूह ते...ऊपरी स्वर में गाता रहा। जब साहब की बात न बनी, तो उसने एक और नया पंगा खड़ा कर दिया..., कहने लगा, "ओए बात सुन...तू मेरे पीछे हई जमा लो, हई जमा लो बोल...जैसे मलकीत के पीछे कोर्स बोलते हैं...साथ में तुम्बी बजाकर बोल...लै देख, मैं गाता हूँ...।"

साहब फिर गाने लगा, मुझसे जैसे कह रहा था, मैं डरता वैसा किये जा रहा था। हैरान भी था, हँसी भी आ रही थी कि साहब को अब कौन कहे, ना साहब को गाने का पता है, बस भूत सवार हो गया था उसके सिर पर गाने का, बेसुरियाँ मारे जा रहा था। मैं करता भी क्या? जवाब कैसे देता? जब मैं 'हई जमा लो हई जमा लो' बोलता, तो तुम्बी लाहौर होती और मैं मुक़्तसर से परे कोट भाई गाँव में फिर रहा होता...साहब बेचारा बटाला के पास अमरजीत गुरदासपुरी के गाँव उधोवाली की रूढ़ियों पर मेढ़ा होता...।

कोई सुर नहीं, ना कोई मेल, साहब बेसुध होकर, "तूतक तूतक तूतियाँ" बोलता गया। जब पूरी तरह उसकी साँस फूल गयी, हाँफ गया, तो बोला, "अबे देखा मरासी, मैंने गाना गाया...तुम समझते हो कि मेरे बिना कोई गा ही नहीं सकता यहाँ...तुम अकेले ही गायक पैदा हुए हो? सुना मेरा गीत तुमने? ऐसे गाते हैं...हम भी गाना जानते हैं...।"

मुझे अन्दर ही अन्दर ख़ूब हँसी आ रही थी, भले ही मैं सरेआम खुलकर हँस नहीं सकता था। आज भी साहब 'अपने आप' में पूरा ख़ुश था। उसने अच्छे से तूतक तूतक तूतियाँ गीत सुना भी नहीं था और ना ही एक आधे बोल के अलावा पूरा गीत ही आता था उसे। यह तो शराब में धुत हुए को बनावटी कलाकारी चढ़ी हुई थी, जो अब साँस फूलने के कारण उतर गयी लगती थी।

मुझे रसोई में आकर काम लगे को भी काफ़ी देर हो गयी थी, फिर खाने वग़ैरह की तैयारी करने में लग गया था। काम करते हुए मैं अपनी ही सोचों में मस्त था कि साहब तो कमाल है। इतनी पर्तें थीं इसकी कि पलटते जाओ कोई भेद ही नहीं था कि क्या-क्या तमाशे करता रहता है...कभी कैसा हो जाता है, कभी बहुत ही अलग सोचता-सोचता मैं दाल को छोंक लगाने के लिए प्याज़ काटने लगा। साहब को पता नहीं क्या सूझी कि वह मेरे पीछे धीरे-धीरे आया और एकदम ऊँची आवाज़ में गला फाड़ा, "ओ भई हई जमा लो...ओए तूतियाँ तूतक...।"

मेरे हाथ से चाकू तो गिरना ही था, बल्कि मैं भी गिरता-गिरता मुश्किल से बचा और साहब ऊँची-ऊँची किलकारियाँ मारकर हँसने लगा, "ओए वाह ओए मरासी, तू तो डरपोक है...दुर फिटे मुँह, गिर गये थे डरकर...जा ओए...तुम्हें कुछ नहीं आता, सिवाये टुंग-लुंग-लुंग के...मैं सिखाऊँ बेटा तुम्हें गाने का ढंग... तू तूतक तूतियाँ गाया कर..यमले से तुमने क्या दही लेना है...ओए वो तो मर गया कब का...अब तुम मलकीत का चेला बन जा मरासी...तू भी मर तू जा...तू भी मर जा मरासी...।"

साहब इधर-उधर की फ़ालतू मारे जा रहा था।

मैं उसकी 'न्यारी लीला' देखकर हैरान था।

भैंस की बछिया का बिछोह

भैंस की बछिया की मैं पूरी-पूरी सेवा करता था, फिर भी वह काफ़ी कमज़ोर हो गयी थी, देहाती भैंस की बेटी का शहरी वातावरण में मन नहीं लगा होगा, मैं यही सोचता था।

बछिया के पेट में कीड़े थे, वह दिन-ब-दिन और कमज़ोर हो रही थी। चारे को मुँह लगाने से भी हट गयी थी। अपनी माँ (भैंस) का दूध तो वह कब का छोड़ चुकी थी। जब बछिया भैंस का दूध पी रही होती, तब भी साहब बहुत खीझता था, "देखो, ओए साली सारा दूध पी जायेगी, खींचो पीछे...हम क्या पिएँगे...देख कैसे पी रही है दूध...सारा पी जायेगी कंजर...हम मोहाली क्या भेजेंगे?"

अब साहब उलटा कहता, "ओए तुम बछिया को भूखा रखते रहे हो, तरीके से चारा नहीं डालता था इसे, तुम मार दोगे इसे, अगर बछिया मर गयी तो भगा दूँगा तुम्हें, सुन ले अब...।"

मैंने कहा, "सर जी, कभी आप कहते हैं कि बछिया कमज़ोर है, किशन को दे दो...आप दूध नहीं पीने देते...अब कह रहे हो मर रही है...मैं थोड़े मार रहा हूँ इसे?"

साहब मेरी ओर झाँका पर चुप रहा।

एक दिन साहब फिर बछिया की बात ले बैठा, "बात सुन ओए...तुमने बछिया मारनी है?...तुम चारा नहीं डालता इसे? अगर यह मर गयी, तो तेरा हाल देखना क्या करता हूँ मैं..."

मेरे मुँह से भी निकल ही गया, "सर जी, चारा तो खाती नहीं यह...इसके सामने तो पड़ा रहता है चारा...मैं इसके मुँह में कैसे डालूँ? इसके पेट में कीड़े पड़े हुए हैं सर...।"

"आगे से भौंकना तो तुम्हें बहुत आता है...खाती क्यों नहीं चारा तुम्हारी नानी? कहाँ हैं कीड़े इसके पेट में? तुमने इसके पेट में घुसकर देखा है? बड़ा तू

सिविल सर्जन...तुम्हारे पेट में क्यों नहीं कीड़े पड़ गये...जो आगे से भौंकता है हर समय...।"

बछिया ठीक होने के बजाय दिनों में ही और कमज़ोर हो गयी थी। कीड़े मारने वाली दवा ने भी असर नहीं किया था। एक दिन मैं सरकारी वैटनरी डॉक्टर को भी बुलाकर लाया था। डॉक्टर ने टीके लगाये थे और दवा दी थी।

एक दिन रसोई का काम ख़त्म करके चारपाई पर लेटा ही था कि भैंस ऊँची-ऊँची रंभाने लगी। जब ज़्यादा देर तक न रुकी, तो मैंने दरवाज़ा खोलकर लाइट जलायी...बछिया मर गयी थी। भैंस बछिया की ओर लपक रही थी, मैंने सोचा कि अगर साहब को अभी बताया तो वह शोर मचाने लगेगा कि बछिया मार दी। पहले ही मुश्किल से टिका है, तीन पेग लगाकर ही साहब टुन्न हो जाता है। आज भी काफ़ी पी हुई थी। फिर मैंने सोचा अगर साहब को अभी ना बताया तो फिर गालियाँ देगा कि रात को ही मुझे क्यों नहीं बताया। मैंने साहब का दरवाज़ा नहीं खटखटाया, आवाज़ ही लगायी, "सर जी...सर जी...सर...।" मुझे खर्राटों की आवाज़ सुनायी दी।

फिर मैंने मन से फ़ैसला किया कि अब साहब को ना ही जगाया जाये। गालियाँ ही खानी हैं, वो सुबह-सुबह भी ताज़ा-ताज़ा मिल जायेंगी। मैं अपने कमरे में आकर लेट गया, भैंस अभी भी गला फाड़ रही थी। लेटे-लेटे मेरे मन में विचार आया कि बछिया ऐसे ही नहीं पड़ी रहनी चाहिए। स्याने लोग कहते हैं कि मरा हुआ शरीर ढँका होना ज़रूरी होता है। बछिया पर बोरी डाल देनी चाहिए। शायद फिर भैंस भी चिल्लाना बन्द कर दे। अपनी बेटी के असमय जाने का शोक मना रही है बेचारी माँ, वैण डाल रही है लम्बे-लम्बे। मैं गया और बछिया पर बोरी डाल आया पर भैंस फिर भी चिल्लाने से न हटी। देर रात तक ऐसा करती रही, "आँ...आँ...आँ...।"

सुबह साहब को चाय का कप पकड़ाते हुए मैंने कहा, "सर जी, बछिया मर गयी।"

"मर गयी...? दिखाई दे रही थी मरने वाली...अब भैंस दूध कैसे दिया करेगी?"

साहब ने चाय का घूँट भरते हुए कहा। साहब बछिया का मरना सुनकर दुखी नहीं हुआ था।

"सर जी...बछिया और ले आयेंगे पशुओं की मंडी से।"

"उलटी-सीधी बातें क्यों करता है तू...ऐसे बछड़े और बछिया कब बिकते

हैं कि जो मर्ज़ी पकड़ो और भैंस का थन उसके मुँह में डाल दो...तुम ख़ुद से ही बनाता रहता है बातें...बात का अर्थ तुम्हें पता नहीं होता...तुम ख़ुद ही चूस लिया करना दोहने से पहले।"

साहब थोड़ा गरम हो गया था।

मैं रसोई में जाने लगा, "जा कहाँ रहा है, मेरी बात सुन जा पहले...जा...पहले उस मूर्ख किशन से कह कि इसे फेंकवाये, जा जल्दी।"

"सर जी, भैंस बहुत रोई रात को...बीच-बीच में वैण भी डालती है बछिया के...बेटी मर गयी बेचारी की...।"

साहब खीझ गया, "फिटे मुँह तेरा...मैं क्या करूँ? तू भी रो ले भैंस के गले लगकर...कह रहा है भैंस रोती है...जब तुम मरोगे तुम्हारी माँ भी ऐसे ही रोयेगी कंजर के...।"

साहब से ऐसी सामने की बात सुनकर और डाँट खाकर अब मैं सीधा किशन के घर को हो लिया था। वह सामने से आता राह में मिल गया, "रात को बछिया मर गयी रे किशन सिंहा।"

किशन ज़ोर-ज़ोर हँसने लगा, "अच्छी ख़बर सुनायी है, मर गयी तो फिर बाँटो गुड़ और बताशे कंजरो...दूध तो तुम दोनों पीते थे और चारा कुतरता रह जाता था मैं...बुरी नीयत वालों के साथ ऐसा ही होना था।" किशन की हँसी रोके नहीं रुक रही थी।

जब बछिया को भैंस के पास से उठाने लगे तो वह और ज़ोर से चिल्लाने लगी। इधर-उधर कूदने लगी। साथ खड़ा साहब भैंस को पुचकारने लगा, "मुँ...च...हे... चुप कर...।"

बछिया साइकिल के पीछे लदी हुई कोठी से बाहर हो गयी थी। साहब चुप्पी साधकर कमरे में जा रहा था। मैं भी उसके पीछे-पीछे था। भैंस लगातार चिल्ला रही थी।

"ओए जा...उधर पानी-धानी पिलाओ अपनी मौसी को, मेरे पीछे मुँह उठाये आ रहा है...बेवकूफ़...जब देखो, मेरे पीछे ही टहलता दिखता है...।"

"सर जी पानी पिलाया था, पीती नहीं, ऐसे ही चिल्ला रही है, शोक मना रही है बेचारी अपनी बेटी का...।"

साहब बुदबुदाता हुआ अन्दर जा घुसा।

असल में जब से कोठी में भैंस आयी थी, मैं और किशन बहुत दुखी हो गये थे।

किशन की ड्यूटी सिर्फ़ दूध दोहने की थी और मेरी ड्यूटी भैंस की सेवा सँभाल, चारा डालना, गोबर उठाना, भैंस को नहलाना होती थी। साहब की कोठी में आयी तोहफ़े वाली देहाती भैंस की आमद ने अकेले मुझे ही नहीं, बल्कि और भी कई आदमी दूर-दूर तक दुखी कर दिये थे। और कौन-कौन किस-किस दुख से दुखी था, यह भी बता ही दूँ! साहब के रीडर पर बहुत ही ज़्यादा बोझ था। बहुत सारी बेगारें वह भुगता रहा था और कुढ़ता रहता था और उधर जज साहब का कहना था कि तुम लोग मेरे नाम पर लोगों से रिश्वत लेते हो। रीडर मुझे हफ़्ते के पैसे दे देता और मैं उनसे भैंस का चारा नज़दीक ही चारे के स्टाल से ले आता था। भैंस के लिए खल, दाना तथा और फीड या दवाई की ज़िम्मेदारी रीडर की ही थी और रीडर दुखी होकर बोलता था कि उससे घर रखी अपनी भैंस की सेवा उतनी नहीं होती, जितनी साहब की भैंस की करनी पड़ रही है।

डंगर डॉक्टर भी बहुत दुखी हुआ फिरता था, साहब ने उसे कह रखा था कि वह हर सप्ताह भैंस को देखने ज़रूर आये, भैंस चाहे बीमार हो या न! डंगर डॉक्टर को हर हफ़्ते दुखी होकर आना पड़ता था। उधर किशन बहुत सुबह उठता था और मैं उससे भी पहले उठकर भैंस को चारा आदि डालकर दोहने के लिए तैयार करता था। किशन दूध दोह देता और मैं केन भरकर साइकिल के पीछे रखता और बस अड्डे पर आकर मोहाली जाने वाली बस के ड्राइवर को लाकर पकड़ाता। साहब का दूध ढोते, ड्राइवर-कंडक्टर अलग दुखी थे।

एक दिन एक सरकारी वकील साहब की कोठी आया, साहब को मुफ़्त में उल्टी सलाह दे गया। कहने लगा, "सर, कोठी में इतनी जगह फ़ालतू पड़ी है, क्यों नहीं आप भैंस के लिए चारा यहीं पैदा करवाते...अगर हुक्म हो तो मैं अपने दोस्त की दुकान से बीज और खाद भिजवा दूँ...।" लो जी, ये चीज़ें भी आ गयीं। मैं और किशन दिल से रोते हुए वकील को और साहब को गालियाँ देते हुए चारा बीजने लगे। चारे को पानी देने के लिए छोटी मोटर भी लग गयी थी।

एक दिन वही सरकारी वकील आया तो साहब ने कहा, "वकील साहब आप सलाह बहुत बढ़िया देते हो, कहते हैं कि 'जो बोले वही कुण्डा खोले', आप किसी अपने जानकार से कहकर एक ट्रॉली तूड़ी तो मँगवाओ, जब से हमारी भैंस की बछिया मरी है, यह कमज़ोर हो रही है।"

दूसरे दिन ही तूड़ी की ट्रॉली आ उतरी साहब की कोठी। अब? पशु एक, चारा तथा और खुराक चार पशुओं जितनी इकट्ठी होने लगी।

मैं किशन से कहने लगा, "तू भी एक बकरी रख ले...राशन-पानी साहब की कोठी से ख़त्म नहीं होगा...जो मर्ज़ी खिलाते जाना लेजा-लेजा कर अपनी बकरी को।"

भैंस सारा दिन कुछ-न-कुछ चरती रहती और गोबर भी बहुत ज़्यादा करती। मैं फावड़े से गोबर इकट्ठा करता, बट्ठल में डालता और ले जाकर कूड़ेदान में फेंकता। दिल से भगवान का शुक्र भी करता कि शुक्र है कहीं किसी ने साहब को यह अक्ल नहीं दे दी कि गोबर के उपले पथवाया करो, बाज़ार में बिक जाया करेंगे। अगर कोई सलाह देता तो साहब के हुक्म के बाद यह उपले पाथने, धूप में सुखाने और फिर मार्केटिंग करने का काम भी मेरा ही होता।

एक दिन मैं भैंस का गोबर उठा रहा था। भैंस गोबर पर पैर रखे खड़ी थी। पैर हटा नहीं रही थी। मैं खीझ गया और फावड़ा भैंस के पाँवों पर दे मारा। वह गोबर से हटी, मैंने गोबर खींचा तो फावड़ा बिखर गया। मिस्त्री से फावड़ा ठीक करवाने का नया पंगा आ खड़ा हुआ। उसे साइकिल पर रखने लगा, टिक नहीं रहा था। कन्धे पर उठाकर चल पड़ा और रास्ते में सोच रहा था कि मेरी ज़िन्दगी भी इस फावड़े की तरह तो है।

एक दिन रीडर बहुत दुखी हुआ और कहने लगा कि भई अब मेरे हाथ खड़े हैं, मुझसे भैंस के भारी ख़र्च की अब और सेवा नहीं होगी। मैंने साहब को यह बात बतायी, तो साहब ने दूसरे दिन ही स्टैनो को बुलाकर कहा, "रीडर को किसी से दस रुपये भी लेता हुआ मैंने देख लिया तो इसकी ख़ैर नहीं...सुन लो...तुम किया करो ख़र्च का बन्दोबस्त ख़ुद...कैसे करना है...कहाँ से करना है...तुम्हें पता ही है।"

स्टैनो को तो इशारा ही चाहिए था कि लोगों को लूटो, वो तो पहले ही तैयार फिरता था। ख़र्च निकालने की उसे साहब से खुली छुट्टी चाहिए थी, जो मिल गयी थी। स्टैनो ने भी एक-दो थानेदारों को कहकर भैंस के ख़र्च के साथ-साथ अपना प्रबन्ध कर लिया था। रीडर की जेब अब ठण्डी रहती और वह सारा दिन कुढ़ता रहता। गाली देता थकता नहीं था।

धुन्ध पड़ने लगी। बड़ी सख़्त सर्दी के दिन आ गये थे। हड्डियाँ ठिठुरतीं और ठुर-ठुर करते चलते-फिरते काम करने वाले एक-दूसरे को गालियाँ देते रहते। बड़े अजीब से दिन थे। दूध की केनी लेकर मुश्किल से ही बस अड्डे पर पहुँचता था। एक दिन केन साइकिल के पीछे से गिर गयी, केन बाँधने वाली घिस चुकी रस्सी टूट गयी थी। जब मेरी साइकिल एक गड्ढे से गुज़री, केन नीचे लगी और ढक्कन खुल गया। मेरे साइकिल से उतरने तक आधे से ज़्यादा दूध गिर चुका था। शुक्र है

कि केन में गड्ढा नहीं पड़ा था, नहीं तो जज साहब मुझे गड्ढे में डाल देते और फिर पता नहीं, कितने दिनों तक साहब ने केन के गड्ढों का रोना रोते रहना था। ख़ैर! मैं बुरी तरह डर गया था, अब क्या करूँ? गिरा दूध कहाँ से लाऊँ? अगर साहब को दूध गिरने के बारे में बताऊँगा, तब भी गालियाँ और जूते पड़ने ही थे। सो, मैं हौसला करके साथ लगे नल पर गया और काफ़ी सारा पानी केन में डाल लिया। ढक्कन लगाया और टूटे हुए मन से लाकर केन ड्राइवर को पकड़ाई। आगे ड्राइवर भी कौन-सा कम था किसी से? बोला, "कैसे हो अर्दली साहब...आज तो फ़ौजें लेट हैं, लगता है सुबह-सुबह साहब से कुछ 'इनाम' मिला है।"

मैं कुछ ना बोला और साइकिल पर चढ़ गया। मैं अक्सर अपने दुखों का रोना ड्राइवर-कंडक्टर से रो लेता था। कभी-कभी वे खड़े चाय पी रहे होते तो मुझे भी सुलह मारकर चाय पिला देते थे। तब इनके साथ बातें साझा हो जाती थीं।

मैं और साहब कचहरी आ गये थे। जब दोपहर को मैं साहब की रोटी लेने कोठी गया तो साथ वाली कोठी के अर्दली रामे ने बताया कि आज तुम्हारी कोठी में फ़ोन बहुत देर तक बजता रहा...मुझे शक हुआ कि भगवान न करे, ज़रूर बीबी जी का फ़ोन आया होगा। पर फ़ोन कौन उठाता? मैं और साहब तो कचहरी थे। जब मैं रोटी बनाकर लेकर कचहरी आया, तब जज साहब चैम्बर में बैठे हुए बहस सुन रहे थे और बहस भी क़त्ल के केस की थी, मेरी जगह पर अर्दली के तौर पर किशन खड़ा था। जब मैं साहब की रोटी वाला टिफिन रिटायरिंग रूम में रखने लगा तो साहब का दफ़्तर वाला लैंडलाइन फ़ोन बजने लगा। मैंने फ़ोन का चोगा कान से लगाया, बीबी कड़क रही थी :

"साहब कहाँ है, मेरी बात करा अभी।"

मैंने कहा, "बि...जी...साहब तो बहस सुन रहे हैं...बिजी हैं बहुत साहब।"

बीबी चीख़कर बोली, "तेरा और तेरे साहब का यह बिज़ी-बिज़ी वाला और बहसें सुनने वाला स्यापा कब ख़त्म होगा? चल-चल...मेरी बात करवा...कुत्ता कहीं का...अब दूध की चोरी भी करने लगे हो।"

बीबी की झिड़क सुनकर मेरा पेशाब निकलने वाला हो गया। मैं भागकर साहब के चैम्बर में आया और धीमी आवाज़ में साहब के कान में कहा, "सर, बीबी जी का फ़ोन है...वह किसी प्रोब्लम में लगते हैं...होल्ड पर है फ़ोन सर।"

साहब ने वकीलों की बहस बीच में ही रोक दी और जाकर फ़ोन का चोगा पकड़ा। मैं भी धीरे-धीरे साहब के पीछे जा खड़ा हुआ था। "अच्छा, अच्छा...कोई ना कोई बात नहीं...मैं पता करता हूँ इनकी जून मण्डली से...यह सारे कुत्ते के

पिल्ले हैं...इसे तो पता ही होगा कि क्या हुआ है, तुम भी यहाँ के जयराम से पता करो...यही मोहाली बस अड्डे से दूध लेने लगा अड्डे में ही बेच देता होगा...नाम इसका जयराम है, है कुत्ते का हड्ड।"

साहब को मोहाली वाले नौकर पर शक होने लगा था।

फ़ोन रखकर साहब मुझे मुख़ातिब हुए, "ओए आज क्या किया है?, दूध भेजा है या पानी भेज दिया...तुम लोग साले सारे-सभी चोर हो...लगता है तुम रास्ते में दूध बेचने लगे हो चाय के खोखे वाले को...दूध बेचकर बाक़ी पानी ठोक दिया होगा।"

मैं रो दिया, "नहीं जी सर...बिल्कुल नहीं...कभी भी नहीं सर...गुरु की सौगन्ध लगे जी मेरे को साहब...।"

"अच्छा फिर...वो ड्राइवर-कंडक्टर हरामज़ादे...ये दूध चोरी करते होंगे...।"

"नहीं जी सर...नहीं...कभी पहले ऐसा नहीं हुआ जी...सौरी सर...मैंने ही बात छुपाई थी...आज दूध गिर गया था...डरते हुए मैंने ही उसमें पानी मिला दिया था... सर आगे से ना दूध गिरेगा और ना ही कभी ऐसी शिकायत आयेगी...।"

"हट हट कुत्ता...पागल साला...।" यह कहता हुआ साहब चैम्बर की ओर चला गया था, जहाँ वकील बाक़ी बहस सुनाने के लिए उसका इन्तज़ार कर रहे थे।

मैं मन-ही-मन रो रहा था कि अब क्या बनेगा? साहब कहीं सबको फड़ता 'और' फड़ता है! और कौन है, इस बात का पता कैसे लगे, कौन लगाता पता इस बात का! मैंने अपने आप से सवाल किया।

साहब का पैर टूटा

साहब को दो गनमैन भी मिले हुए थे, जो साहब के कचहरी जाने के समय कोठी के आगे सुबह आ हाज़िर होते और फिर शाम को कचहरी से कोठी तक, कार में साथ बैठकर साहब को छोड़ने आते। कचहरी में वह साहब को बिठाकर ख़ाली बैठे कुर्सियाँ तोड़ते, जम्हाइयाँ लेते रहते, बारी-बारी चाय पी आते, गप्पें मारकर समय बिताते। साहब उनकी ओर से बेपरवाह ही था। उन्हें कोई काम नहीं कहता था कभी। जिस दिन कभी किसी अपील का फ़ैसला होना होता, तो वह पूरी तरह चौकन्ने रहते, अपील जिसके हक़ में भुगत जाती, वह वकील के अड्डे तक उसके साथ जाते और अपने हिस्से का 'सेवा-पानी' ले आते। अभी यह 'सेवा-पानी' लेने वाला धँधा मेरी समझ में नहीं आया था। मैं आवाज़ें मारता रह जाता था, 'चल भई...फलाँ बनाम ढिमका हाज़िर हो'...या फिर चाय-पानी ढोता और वकीलों को आवाज़ें मारता, इधर रीडर और स्टैनो अपना 'सेवा-पानी' करवा लेते।

(यह 'सेवा-पानी' वाला धँधा हमारे भारतीय प्रशासनिक ढाँचे में इतना ज़्यादा ढल और मिल चुका है कि इसके बिना एक क़दम भी चलना मुश्किल हो गया है। भूखी और खूँखार चीलों की तरह बाबूशाही 'सेवा-पानी' के लिए मरने-मारने पर उतरी हुई है।)

एक दिन साहब ने बारह दुकानों की अपील मंजूर की। किसी साधारण जट्ट की दुकानें थीं और अपील बनिये के हक़ में भुगत गयी थी। जैसे ही साहब हुक्म सुनाकर चैम्बर से उतरा और रिटायरिंग रूम में गया तो मैं पानी का गिलास साहब की मेज़ पर रखकर बाहर आया। रीडर बोला, "ओ जा...सरदार जी से अपनी 'सेवा-पानी' पकड़ ले।"

शायद रीडर ने जान-बूझकर या ग़लती से ही कह दिया था, "सरदार जी से...।" मैं दौड़ा और सरदार जी के पीछे जाकर कहा, "बाबा जी मेरा 'सेवा-पानी'?"

वो बुज़ुर्ग सरदार मुझे कुत्ते की तरह पड़ा, "अपील तो बनिये के हक़ में भुगता दी माँ के ख़स्म...सेवा-पानी मुझसे किस बात का...हट...चल...चल...?"

मैं मारे शर्म के पीछे भागा।

जब साहब कार में बैठने लगता तो गनमैन बैठते ही ड्राइवर के साथ वाली सीट पर बैठ जाता...साहब की ओर से कार का दरवाज़ा मैं ही बन्द करता था। फिर साथ ही मैं सेल्यूट भी मारता। अगर मैं कचहरी पहले पहुँचा होता तो कार का हॉर्न सुनकर चौकन्ना हो जाता, कार रुकती...मैं साहब की तरफ़ वाला दरवाज़ा खोलता...सेल्यूट मारता...।

एक दिन कार चलने लगी तो साहब अभी अच्छी तरह बैठा नहीं था। मैंने दरवाज़ा ज़ोर से बन्द कर दिया। साहब का पैर उसमें आ गया। साहब चिल्लाया, "ओ हो...हाए! तेरी बेड़ी बैठ जाये...मैं मर गया।"

ड्राइवर ने कार रोक ली थी। साहब स्लीपर से पैर निकालकर हाथों से दबा रहा था। मैं डरता हुआ पीछे खड़ा था।

"आ जा आ जा कोठी आ जा...तुम्हें मैं बताता हूँ...कोठी आना, तोड़ूँगा तुम्हारी टाँगें...चलो बढ़ाओ कार...।"

साहब मेरे ऊपर दाँत पीस रहा था। जिस हिसाब से साहब ने दर्द माना था, उससे ऐसा लगता था, जैसे पैर ज़्यादा दब गया है।

अब कोठी जाकर मेरी शामत आने वाली थी। आख़िर मैं, मन मज़बूत करके कोठी पहुँचा। गनमैन गेट के सामने खड़ा हँस रहा था मुझे आता देखकर। किशन को डॉक्टर लाने के लिए भेजा। किशन ने अच्छी तरह गनमैन की बात भी ना सुनी कि क्या हुआ और क्या नहीं, और कौन-सा डॉक्टर लेकर आना है। उसकी समझ में आया कि कल-परसों की भैंस बीमार है, नजदीक के पशु क्लीनिक से डंगर डॉक्टर को लाना होगा। किशन अभी कोठी के अन्दर घुसा ही था कि उसके पीछे ही डंगर डॉक्टर आ गया, साहब ने पूछा, "आप कैसे आये हो?"

डॉक्टर ने बताया, "किशन बुलाकर लाया है जी...सर..हुक्म कीजिए। क्या हुक्म है साहब?"

साहब ने उसी समय किशन को गालियाँ देनी शुरू कर दीं, वह सुनता रहा और शर्मिन्दा होता हुआ डंगर डॉक्टर लौट गया। साहब आँगन में कुर्सी पर बैठा हुआ था, टाँग सीधी करके बिछाई हुई थी।

"तू माँ...मेरी ओर क्या मुँह उठाये आ रहा है...निकल जा यहाँ से...कुत्ता कहीं का...अन्धा कहीं का...ऐसे बन्द करते हैं दरवाज़ा? पैर तोड़ दिया मेरा...।"

साहब बहुत गुस्से में था। मैं सिर झुकाकर बुत बना खड़ा था।

अब असली डॉक्टर आ गया था, आदमियों वाला, लगता था जैसे चोट लगने का सारा कारण गनमैन ने डॉक्टर को पहले ही समझा दिया था। डॉक्टर बोला, "बेटे! दरवाज़ा ध्यान से बन्द करते तुम।"

मैं क्या बोलता? साहब फिर शुरू हो गया, "यह तो अन्धा है, अन्धा बिल्कुल ही अन्धा...कोई अक्ल नहीं इसे...पता नहीं किसने भर्ती कर लिया साला घोगढ़ कौवा?"

"डॉक्टर साहब, देखें...चोट ज़्यादा तो नहीं है?" साहब ने डॉक्टर से पूछा और 'हाए हाए' करते हुए टाँग समेटी।

"नहीं जी सर...चोट तो कोई ख़ास नहीं है...बचाव हो गया...आयोडेक्स लगाते रहिए...बाक़ी रात को टकोर करना...सेंक देना...ठीक हो जायेगी।"

डॉक्टर ने आयोडेक्स की शीशी खोली। साहब के पैर पर आयोडेक्स मली गयी। शीशी बन्द करता हुआ डॉक्टर बोला, "यह लो बेटे, रात को एक बार जब साहब सोयेंगे तब लगा देना...सेंक भी देना है।"

"यह क्या लगायेगा साला खाक! लाइए मुझे पकड़ाइए डॉक्टर साहब आप... मैं ख़ुद ही लगा लूँगा।" साहब ने डॉक्टर से शीशी पकड़ ली।

शाम हो गयी थी। किशन काम कर रहा था और सारा तमाशा देखकर ख़ुश भी हो रहा था। पर आज किशन को जितनी गालियाँ मिलीं साहब से, उतनी सारी नौकरी में नहीं मिली होंगी।

मेरे कान के पास मुँह करके कहने लगा, "साहब भी तुमसे ही ठीक होता है। मेरे जैसे को क्या समझता है, अच्छा पैर तोड़ा साले का, मैं तो कहता हूँ कि साले की पूरी टाँग पर प्लास्टर चढ़ता, फिर ठीक होता काम।"

मैं आज साहब के कमरे में नहीं गया था। जब से किशन काम पर आया हुआ था अब मैं कभी-कभी गाँव भी चला जाता था पर जाता था रात गये, किशन के साथ सारे काम करवाकर। जब काफ़ी अँधेरा हो गया तो मैंने किशन से कहा, "यार जा, जाकर साहब को पूछकर आ कि मैं गाँव जाऊँ?"

किशन ने जाकर साहब से पूछा, "साहब, निंदर गाँव जाने के लिए छुट्टी माँग रहा है।"

साहब लाल-पीला हो गया, "उसकी क्या टाँगें टूटी हैं? मेरे सामने क्यों नहीं खड़ा होता आकर वो? हैं? मेरा पैर तोड़कर अब गाँव जा रहा है साला मूर्ख कहीं का, ओए मरासी...कहाँ है तू ओए कुत्ते...इधर आ...?"

मैं सिर नीचा किये, साहब के सामने जा खड़ा हुआ। "ओए, सिर झुकाकर ना खड़ा हो यहाँ...जा पहले पानी का जग ला...पानी ख़त्म हो गया है...ला पानी।"

साहब दो-तीन पेग लगा चुका था। पानी लाया गया। और पेग बनाने लगा। किशन रसोई में चला गया।

"सर जी...मैं जाऊँ जी...मुझे गाँव जाना है।"

"गाँव जाकर तुमने अंडे देने हैं...मेरा पैर तोड़कर अब गाँव जाना है? तुम्हें मैं क्या-क्या समझाऊँ उल्लू के पट्ठे...मुझसे किन युगों के बदले ले रहा है तू... तेरी गर्दन तोड़ूँ उठकर मैं? तेरी टुंग-लुंग तोड़ूँ या तेरी गर्दन तोड़ूँ? दोनों में से क्या तोड़ूँ? बता मुझे क्या तोड़ूँ? मेरा पैर तोड़कर गाँव जायेगा? अपने माँ-बाप से कहना जाकर मैंने साहब का पैर तोड़ दिया...कहना जाकर...अगर मैं तेरी टाँग काट दूँ तू चल लेगा...अगर तेरी उँगली काट दूँ अभी, तेरी टुंग-लुंग कैसे बजेगी? बजेगी? अगर बजेगी तो बता?"

"सर जी, ग़लती हो गयी माफ़ी दे दो जी...मैंने कौन-सा दरवाज़ा जान-बूझकर बन्द किया था...आगे से ध्यान रखूँगा जी...।" मैंने चुप्पी तोड़ी थी।

"कंजर के आगे से बोलना और माफ़ियाँ माँगना तो तुम्हें मिनट में आ जाता है...काम सारे उलटे ही करता है...जा-जा गाँव अपने...रो जाकर माँ-बाप के सिर पर कि साहब का पैर तोड़ दिया है...जा, पीछा छोड़ मेरा...मर कहीं जाकर...गधा कहीं का।"

साहब बेचारे के बस से बाहर की बात थी। चोट के दर्द के कारण वह ज़्यादा पी गया था, अब बिन ब्रेक के बोल रहा था। मैं दुखी तो था ही, पर गाँव जाने का उत्साह था, साइकिल कोठी से निकाला और सुख की साँस आने की उम्मीद हुई।

सड़क इतनी बुरी थी कि साइकिल सारे रास्ते 'खड़च-खड़च' करता ही जाता, अँधेरे के सिवाये और कुछ दिखाई ही नहीं देता था। दिन छिपते ही यह रास्ता भी चलना बन्द हो जाता था, कोई-कोई ही गुज़रता था उस समय सारी सड़क सूनी दिखाई देती थी...चुप। जब मैं कोई सौ पैडल मार लेता तो घूमकर शहर की ओर देखता...कोई-कोई ऊँची लाइट जलती नज़र आती..जैसे-जैसे गाँव नज़दीक आता वैसे-वैसे साइकिल भी तेज़-तेज़ भागने लगती...मुझे घर के पास आने का हौसला होता जाता। धान के खेत से मेंढकों का एक स्वर सुनाई देता।

खेतों में बौरियों की ढाणी के कुछ घर थे। बौरियों ने बहुत तगड़े कुत्ते रखे हुए थे, जिन्हें रात को वे लोग खुला छोड़ देते थे और वो सड़क पर आते-जाते की ख़बर लेते। अगर मेरी साइकिल थोड़ी-सी भी आवाज़ करती तो वे

भौंकते-भौंकते मेरे पीछे पड़ जाते। कुत्ता भले एक ही भौंकता था पर उसकी आवाज़ सुनकर दूसरे लोगों के कुत्ते भी भौंकने लगते थे। कुत्ते पीछे पड़े देखकर मैं साइकिल भगा लेता। जब साइकिल की चेन उतरने की याद आती, तो साइकिल धीमी कर लेता, चेन ठीक कराने का समय ही नहीं मिलता था, साहब का स्यापा ख़त्म हो, तभी कुछ और करूँ? जब मैं अपने पीछे पड़े कुत्तों को गालियाँ देता था तो साहब को भी गालियाँ निकल ही जाती थीं। अपने पीछे भौंकते भागे आ रहे कुत्तों को कभी मैंने ऐसे भी कहा था, 'भौंको भौंको बहन के यारो, भौंको तुम लोगों का बाप सबका, वो शहर में भौंकता रहता है, अब वो दारू और अन्न से पेट भरकर खर्राटे मार रहा है और तुम भूखे मरते भौंकते फिरते हो मेरी तरह, आधी रात गयी को भी चैन नहीं तुम्हें सालो...भौंको भौंको...और भौंको...बहन के यारो...भौंको।"

इस तरह तपता-सींचता हुआ मैं गाँव पहुँच जाता था। सुबह गुरुद्वारे के बाबा जी के बोलने पर जग जाता, चाय वग़ैरह पीकर फिर साइकिल पर टाँग रख लेता। अब मैं कुत्तों से बचने के लिए डंडा भी साथ रखने लगा था। जब मैं डंडा घुमाता कुत्ते दूर-दूर भौंकते रहते, पास ना आते।

मैं अदालत के दरवाज़े के सामने खड़ा होकर बोलता, "चल फलाँ बनाम फलाँ हाज़िर हो..." तो जैसे बरामदे की छत गूँजती। पेशी भुगतने के लिए आते सारे लोग मेरे अच्छे जानकार हो चुके थे। लोग बातें करते थे, "भई बहुत ऊँची आवाज़ है छोरे की...गूँज डालती जाती है...।"

कोई कहता, "बेटा धीरे लगाया करो आवाज़, तुम बहुत ऊँची बोलते हो यार...।"

एक गाँव से कोई बूढ़ी माता थी। उसका अपने सौतेले बेटों के साथ ज़मीन का झगड़ा चल रहा था, वह हर पेशी पर आती थी। सुबह बहुत जल्दी ही अदालत के दरवाज़े के बाहर आ बैठती थी...अभी स्वीपर आया नहीं होता था, वह आयी बैठी होती, एक-आध रोटी पकाकर साथ ही बाँध लाती। मैं कोशिश करता कि बूढ़ी माता को तारीख़ मिले और वह जल्दी घर जाये। उसके सौतेले बेटे भी बराबर आकर, सामने बैठे रहते, मैं कहता, "माताजी तुम्हारी तारीख़ डलवा देता हूँ, जाओ तुम घर।"

वह कहती, "मैंने जाकर कौन-सा चरखा कातना है बेटा...वो देखो बैठे मेरे दुश्मन...इनके नाक में दम करके ही छोड़ूँगी...सारा-सारा दिन बैठें अब काम

छोड़कर...स्वाद आये इन्हें...मुझे घर जाने की कोई जल्दी नहीं बेटा।"

एक दिन बूढ़ी माता ने अपनी जेब से एक लिफ़ाफ़ा निकाला और उससे एक कपड़े के टुकड़े में बँधा दस का नोट निकालकर मेरी ओर बढ़ाकर बोली, "लो भई जीते रहो! तू तो बहुत अच्छा है बेटा...इतना मोह करता है...ले...चाय पी लेना... मीठा लेकर खा लेना दुकान से बेटा...ले।"

"ना ना माताजी, मैं तुमसे नहीं लूँगा? ना ना...मैं नहीं लूँगा पैसे!" वह मेरे रोकते-रोकते भी ज़बर्दस्ती मेरी जेब में दस का नोट डाल गयी।

कई बार मैं साहब तथा और स्टाफ के लिए केतली में चाय डलवाकर लाता था तो एक कप फ़ालतू बूढ़ी माता के लिए भी डलवा लेता था। एकाध बार तो वह ना-ना करती, फिर कप पकड़ते ही दो घूँटों में चाय पी जाती, उसके लड़के भी सामने बैठे देखते रहते।

जब साहब की कार अदालत के सामने आकर रुकती तो साहब बड़ी मस्ती से कार से उतरता, ठुमक ठुमक चलता, एक गनमैन आगे और एक पीछे चलता। अदालत के दरवाज़े के सामने आये बैठे लोग साहब के सम्मान में उठकर खड़े हो जाते थे। बूढ़ी माता भी उठती और हाथ जोड़कर खड़ी हो जाती। जब साहब उसके पास से गुज़रते तो वह अपने जुड़े हुए हाथ अपने माथे को छुआती। मैं यह देखकर हैरान होता कि हमारे साहब का कितना सम्मान है। बूढ़ी माता की उम्र साहब की माँ की उम्र जितनी होगी, पर बूढ़ी माता साहब की पदवी को सम्मान देती है। वाह! कितना सम्मान, इज़्ज़त-शान, हमारे जज साहब के हिस्से आयी है।

आज कचहरी आधा दिन ही लगनी थी। किसी दिन-त्योहार के सम्बन्ध में आधी छुट्टी थी। आज साहब ने एक केस का फ़ैसला करना था, जो एक खलैकिया जग्गा सिंह से सम्बन्धित था, उससे पोस्त पकड़ा गया था। खलैकिया नौजवान ही था। वह सुबह ही अदालत के बाहर आकर बैठ गया था और बीच में कई बार उठ-उठकर इधर-उधर गया था। दोपहर हुई, साहब ने हुक्म सुनाना था, मुझसे कहा, "बेटा, आवाज़ लगा, अब करें इनका निपटारा।"

मैंने आवाज़ लगायी, "चल नयी-सरकार बनाम जग्गा सिंह हाज़िर हो।" पर जग्गा सिंह ना आया। मैंने फिर आवाज़ लगायी पर जग्गा सिंह ना आया।

"सर जी...वो तो है नहीं बाहर कहीं...आवाज़ सुनकर भी नहीं आया।"

साहब चैम्बर से उठा...रिटायरिंग रूम में जा बैठा। कुछ फ़ाइलें देखीं। बीस

मिनट के बाद फिर कहा, "चल ओए आवाज़ लगा उसे, करूँ निपटारा उसका।"

मैंने फिर आवाज़ लगायी, "सरकार बनाम जग्गा सिंह हाज़िर हो।" जग्गा सिंह ना आया।

"सर जी, है नहीं वो कहीं भी।"

साहब इतना सुनते ही खीझ गया, "कहाँ गया मरा...अदालत में हाज़िर नहीं हुआ? टिककर नहीं बैठता...मैंने सज़ा सुनानी है...वो बाहर क्यों घूम रहा है... कहाँ है?"

मैं भी थोड़ी गर्मी खा गया था जग्गा सिंह पर। जब मैं फिर अदालत के दरवाज़े में उसे देखने आया तो आवाज़ लगायी, "जग्गा सिंह हाज़िर हो," तो जग्गा सिंह खलैकिया सामने से चला आ रहा था, मैं टूटकर उसे पड़ा, "तुम्हें पता नहीं? तुम बाहर घूम रहे हो, साहब ने तुम्हें सजा सुनानी है...मैंने स्वाभाविक ही अचेत मन... जैसे साहब से मेरे कानों ने सुना था कि सज़ा सुनानी है, वैसे ही बोल गया था। चल अन्दर पेश हो।"

मेरी इतनी बात सुनते ही जग्गा सिंह पीछे को भागा। मैंने शोर मचाना शुरू कर दिया, "भाग गया ओ...मुजरिम भाग गया...पकड़ो...मुजरिम भाग गया...।"

गनमैन उसके पीछे भागा। मैं साहब के रिटायरिंग रूम में दौड़कर आया तो साहब खड़ा था, "साहब जी जग्गा सिंह भाग गया है।"

"चल यहाँ से कुत्ते...।" साहब कड़का।

साहब गालियाँ दे रहा था। स्टैनो और रीडर भी आ गये थे। मैं एक तरफ़ होकर सिर नीचा करके खड़ा था।

मैं रिटायरिंग रूम से बाहर आ गया था सहमा...सहमा...।

गनमैन तथा और सिपाही जग्गा सिंह को क़ाबू करके आ रहे थे। जब साहब के पास पेश किया गया तो साहब ने पूछा, "क्या बात थी? भाग गये थे? भागे क्यों...यह बताओ पहले।"

"सर जी, जब इसने ऑर्डर सुनाया...मैं डरकर भाग गया...मुझसे भागा नहीं गया जी...रास्ते में गिर गया मैं।" यह सुनकर साहब ग़ुस्से से उठ और अपने रिटायरिंग रूम में घुस गया। घण्टी बजी। मैं अन्दर गया। साहब ने मुझे बहन की गाली देते हुए गले से पकड़ लिया, ज़ोर से मुक्का दे मारा, "तू जज है या मैं? तुमने क्यों हुक्म सुनाया ओए? तुझे...तुझे किसने कहा था? जज तू है या मैं? ख़ुद तो तुमने मरना ही है, मुझे क्यों मरवाता है...तुझे आवाज़ें लगाने को रखा है या सज़ा सुनाने को...साले कुत्ते तुमने क्यों ऑर्डर सुनाया।"

सारी कचहरी इकट्ठी हुई थी।

"निंदर ने ही हुक्म सुना दिया...भई आदमी भाग गया, आदमी भाग गया।"

लोग चर्चा कर-करके हँस रहे थे। जग्गा सिंह को हथकड़ी लगायी गयी। साहब चाहता था कि यह बात ठण्डी हो जाये पर बात ठण्डी ना हुई...मुख्य ज़िला सेशन के नोटिस में बात आ गयी थी। साहब सेशन जज के पास गया और उसे ठण्डा कर आया था। कसूर ज़्यादा साहब का ही माना जा रहा था क्योंकि उसने मुझे ही गर्मी-गर्मी में 'अपना गुप्त' हुक्म सुना दिया था। वैसे कसूर तो हम दोनों का ही था, क़ानूनन यह बहुत ग़लत बात थी।

ख़ैर...बात 'आयी-गयी' हो गयी। वैसे कई दिन वकील और मुंशी मुझे छेड़-छेड़कर हँसते रहे थे।

मेरा और साहब का तबादला

तीन-चार दिनों के बाद मैं गाँव आया तो बापू ने चिट्ठियों का बंडल पकड़ाया। ये सब चिट्ठियाँ मेरे लेखक और कलाकार दोस्तों की थीं, जब मैंने पढ़ीं तब सबने यही उलाहना लिखा हुआ था कि जब से तुम अर्दली लगे हो, चिट्ठी-पत्र लिखना भी बन्द कर दिया है! कइयों की टिप्पणी थी कि तुम्हारी कला बर्बाद हो गयी लगती है।

रिंकू की चिट्ठी भी निकली, जो जज साहब और बीबी जी ने उससे लिखवाई थी, उनका भी यही गिला था कि तुमने इतनी देर से ना कोई फ़ोन किया, ना मिलने ही आया है। (तब मोबाइल फ़ोन नहीं होते थे, लैंड लाइन फ़ोन ही थे) रिंकू ने भी उलाहना दिया हुआ था। पहले जज साहब, बीबी तथा उनके बेटे रिंकू को मैं कभी नहीं भुला पाया था, पर इधर थोड़ा भी ख़ाली समय ना मिलने के कारण लेखक-कलाकार दोस्तों से और रिंकू से भी एक तरह से टूट चुका था।

रात गाँव में काटी। सुबह कोठी पहुँच गया। किशन आँगन में कुर्सी बिछाकर बैठा था। मुझे दरवाज़े में देखकर बोला, "ओ आ भई तुम्बी वाले...अब लूट मौजों के दिन...साहब तो आज सुबह चण्डीगढ़ चला गया है...फोन आया था रात को! साहब परसों आयेगा...अब तुम यहाँ बैठकर तुम्बी बजा...और कहानियाँ जोड़ बैठकर।"

मुझे साहब के चण्डीगढ़ जाने की हैरानी भरी ख़ुशी तो हुई ही, बल्कि विचार भी सूझा। मैंने किशन से कहा, "बात सुन यार! तुम मेरे बड़े भाई हो...मेरी मिन्नत मान लो...मुझे रिंकू की चिट्ठी आयी है...तुम्हें भी उसने नमस्ते लिखी है और साहब और बीबी ने मुझे बुलाया है...मुझे जा आने दे यार...सुबह लौट आऊँगा दिन चढ़ने तक...जा आने दो...।"

किशन ने कहा, "अच्छा फिर अगर जाना है तो अभी चला जा, सुबह तक आ जाना...और मेरी ओर से जज साहब, बीबी जी और रिंकू को नमस्ते भी कहना।"

किशन से छुट्टी लेकर मैं पहले जज साहब के परिवार को मिलने के लिए चल पड़ा। डेढ़ घण्टे में बस उनके शहर ले गयी। रिंकू और बीबी घर में ही थे।

साहब कचहरी थे। रिंकू मुझे आया देखकर ख़ुशी-ख़ुशी गले लग रहा था। अपनी पढ़ी हुई साहित्यिक किताबों के नाम गिनवाने लगा।

बीबी ने कहा, "अरे मुश्किल से लड़का आया है...मुझे भी कोई बात कर लेने दे...पहले इसका हालचाल तो पूछ...अपनी ही बातें सुनाने बैठ गया है...।"

बीबी मुझे मेरे साहब के बारे में पूछ रही थी। मैं बता रहा था। रिंकू कह रहा था, "निंदर भाई...तुम्हारी तुम्बी का क्या हाल है? अब तुमने कोई कहानी-वहानी लिखी है? कहाँ छपी है? अब तुम्हारी साहित्यकारी क्या कहती है फिर...अर्दली वाला काम अच्छा है...सुनाओ कोई नयी ताज़ी...?"

रिंकू फटाफट सवाल किये जा रहा था। मैं ऐसे ही जवाब दे रहा था। बीबी मेरी बातें सुनकर बोलीं, "बेटा...बात सुन मेरी...हौसला ना छोड़ना, अफ़सर के मूड की बात होती है...रिंकू के डैडी का स्वभाव देख लो...तुम्हें तो पता है कि कभी किसी नौकर को ओए कहकर नहीं बुलाते...बेटा, बेटा कहते हैं...चलो...फिर तुम्हें तुम्हारा साहब प्यार भी करता है, अगर शराब पीकर उल्टा-सीधा बोलता है तो चुप रहा कर...सभी एक जैसे नहीं होते...कोई और अच्छा अफ़सर आ जायेगा।"

बीबी की बातें हौसला बढ़ाने वाली और अच्छी थीं। इस तरह बातें करते काफ़ी समय बीत गया। जज साहब भी कचहरी से आ गये। मैंने पाँव छुए। साहब बड़े ख़ुश हुए। पास बिठाकर बातें पूछने लगे। मैं हैरान था कि यह भी तो जज ही है... और वो हमारे वाला भी जज ही है...कितना अन्तर है। यह मुझे अपने बच्चे जैसा प्यार देते हैं और वो गालियाँ भी देता है, मरासी कहकर मज़ाक़ भी उड़ाता है, गीत सुन-सुनकर अपना मनोरंजन भी करता है।

मैं और रिंकू बाज़ार चले गये। रिंकू का चुलबुला स्वभाव और उसकी साहित्यिक लगन से मैं बड़ा ख़ुश था। वह मुझे अपने छोटे भाई की तरह लगता था। आम अफ़सरों के बच्चों की तरह उसमें कोई बुराई नहीं थी, इस कारण यह उसकी अच्छाई और गुण थे। काफ़ी देर हम बाज़ार में घूमते रहे, बातें करते हुए घर लौटे।

उधर पीछे कोठी में भले ही किशन था, और साहब चण्डीगढ़ गया हुआ था पर मुझे फिर भी साहब के आ जाने का और कोठी का फ़िक्र लगा रहा।

रोटी खाकर लेटते ही मैंने साहब और बीबी जी से कह दिया, "मैंने तो सुबह आपके सोये-सोये ही चले जाना है, अभी मेरी नमस्ते क़बूल कर लो।"

बीबी बोली, "यह लो फिर अपना सामान। मैं तुम्हें अभी दे दूँ सँभाल ले... अगर सुबह ही जाना है तो।"

बीबी ने मेरे लिए एक बढ़िया पैंट-कमीज़ का अनसिला सूट लेकर रखा था। कुछ रुपये भी उसने जल्दी से मेरी जेब में डाल दिये। मैं उनके प्यार-सम्मान के

आगे ना क्या करता? कोठी के पिछवाड़े बने कमरे में सो गया। सुबह मुँह अँधेरे ही मैं बस अड्डे आया, पहली बस मिल गयी।

समय पर कोठी आकर मैंने किशन को खुली छुट्टी दे दी, वह अपने घर चला गया। दूसरे दिन सुबह किशन ने आकर बताया कि साहब शायद सीधा कचहरी आयेगा...तू कचहरी चला जा...। मैं कचहरी में समय पर हाज़िर था, कचहरी लगने से पाँच मिनट पहले साहब आ गया, मैंने सत श्री अकाल कही, तो साहब ने अनसुनी-सी कर दी।

"जा देखकर आ...सेशन जज साहब आ गये या नहीं।" साहब ने हुक्म लगाया। मैं देख रहा था, साहब काफ़ी उदास था। साहब का चेहरा भी बदला-बदला-सा था। ख़ैर हो!

सेशन जज साहब आये हुए थे। साहब उन्हें मिलने चला गया। दस मिनट बाद लौट आया और रीडर से कहा, "सारे केसों में तारीख़ें डाल दो, मैं कोठी ज़ा रहा हूँ।"

कार में बैठकर साहब चला गया। मैं हैरान था कि आख़िर माजरा क्या है? साहब ने आज कचहरी क्यों नहीं लगायी है? लौट क्यों गया है? आधे घण्टे बाद बात खुल गयी, सुपरिंटेंडेंट सेशन ऑफ़िस से पता चला कि साहब का तबादला हो गया है। साहब को तुरन्त नयी जगह पर जॉइन करने के लिए हुक्म हुआ था।

इसी कारण साहब तो उदास था ही, बल्कि घबराया भी फिरता था। किसी ने हाईकोर्ट में शिकायत की थी, हाईकोर्ट ने साहब को हुक्म दिया कि फलाँ जगह जाकर तुरन्त जॉइन करो और शिकायत पर इन्क्वायरी लग गयी थी।

कचहरी से काम निपटाकर मैं कोठी पहुँचा। किशन आँगन में घूम रहा था। वह धीरे-से बोला, "क्यों ओए...साहब की बदली हो गयी है...सुना है शिकायत भी हो गयी है? कल जाना है साहब ने...क्या हो गया है भाई?"

किशन को साहब ने ख़ुद ही बता दिया था बदली के बारे में। किशन ने कहा, "साहब ने आते ही दारू पी ली और अब कुंडी बन्द करके बैठा है, तुम मत बुलाना साहब को, फिर कहोगे गालियाँ दीं, अब जाते-जाते से गालियाँ ना ले लेना।"

मैं हैरान था कि इतनी जल्दी साहब का तबादला हो गया? हैरानी के साथ साहब के यहाँ से चले जाने का थोड़ा-सा ग़म भी होने लगा था। भले साहब कैसा भी था, आख़िर था तो मेरा साहब ही। अगर मुझे झिड़क लेता था तो फिर मना भी लेता था।

काफ़ी शाम हो गयी थी। किशन भी आज अपने घर थोड़ा समय जाकर वापस कोठी आ गया था। "ओ किशन? किशन ओए?" साहब ने आवाज़ लगायी।

किशन भागकर गया, मैं उसके पीछे-पीछे था, किशन कमरे में घुसा, मैं दरवाज़े के बाहर ही खड़ा हो गया।

"ओए वो कहाँ है...निंदर कहाँ है बेटा?"

"सर जी सत श्री अकाल।" मैं आगे हुआ।

"क्या करता फिरता है ओए तू? बाहर बैठा क्या करता था?...बात सुन...तुम और किशन मेरा ज़रूरी सामान सँभालो...तुम्हें पता है ओए? मेरी बदली हो गयी, मुझे जाना है...क्यों ओए, पता है तुम्हें?"

मैंने सिर नीचा करके धीरे-से कहा, "हाँ जी सर..."

साहब चुप कर गया। साहब अपने कपड़े और बिस्तर इकट्ठे करवाने लगा हुआ था। फिर रसोई का मोटा-मोटा सामान सँभाला गया। चलते-फिरते साहब ने दो-तीन पेग भी लगा लिए थे। जब साहब कुछ सरूर में हो गया तो बोलने लगा, "ओए बेटो! मैं कल चला जाऊँगा...तुम अपने नये साहब का इन्तज़ार करो... ओए निंदरिया...बात सुन ओए तेरी तुम्बी क्या कहती है...टुंग-लुंग-लुंग...अब तेरी तुम्बी कौन सुनेगा ओए?...मैं कैसे सुनूँगा तेरी तुम्बी?...ओए आ मेरे पास...इधर आ बेटा!"

साहब ने मुझे अपने पास बिठा लिया। यह पहला मौक़ा था जब मैं साहब के पास बैठा था, मेरी क्या हिम्मत थी साहब के पास बैठने की? "बात सुन ओए बेटा, तुम्हारी टुंग-लुंग-लुंग...बता मुझे, मैं कैसे सुनूँगा? तू तो अब यहाँ रह जायेगा, बता ओ मुझे, कैसे मिलेगा तू?" साहब ने आँखें भर ली थीं और मुझे बाँहों में ले लिया, भले साहब शराबी था पर फिर भी उसे इस तरह नर्म दिल हुए देखकर मैं हैरान था। मैं भी रोने लगा।

"सर जी, किस जगह हुई है बदली?"

"बहुत दूर हुई है बेटा...बहुत दूर...ओए बेटा निंदर...तेरे गाने सुनकर मुझे चाव चढ़ जाता था...तेरी टुंग-लुंग-लुंग...अब मुझे कौन सुनायेगा, कौन पकायेगा मेरी रोटी? बता मुझे निंदर...कौन डालेगा भैंस को चारा...भैंस भूखी मर जायेगी... पहले बछिया मर गयी ओए...कौन उठायेगा गोबर? कौन कतरेगा चारा? कौन मारेगा आवाज़ें? कौन बजायेगा तुम्बी ओए बेटा...?"

अब साहब किसी बच्चे की तरह रोने लगा। किशन ने पानी का गिलास पकड़ाते हुए कहा, "सर पानी पी लो...लो...।"

मैंने कहा, "सर पानी पीओ जी...हम कहीं नहीं जाते...आपके पास ही हैं हम...आपकी बदली कैंसिल हो जायेगी...आप हौसला करो साहब...।"

"पानी रख दो यहाँ किशन बेटा...यह पकड़ा मुझे।" साहब ने बोतल की ओर इशारा किया। पेग बनाकर अन्दर फेंका। तौलिए से आँखें पोंछीं, मूँछें सँवारीं। मैं और किशन साहब के पास ही बैठे हुए थे।

"इधर आ बेटा निंदर...यहाँ नज़दीक आकर बैठ मेरे।"

"बात सुन ओए बेटा...अब जाते हुए गाना-वाना सुना दे मुझे...कोई गा यमले जट्ट का गाना...ला ओए किशन इसकी टुंग-लुंग-लुंग कहाँ पड़ी है।"

किशन तुम्बी लाया। मैं भी साहब को देखकर उदास-सा हो गया था। फिर मैं तुम्बी टुनकाकर उस्ताद यमला जी का ही गीत गाने लगा :

असली सज्जण जद वी मिलिया
तख्केआं चड़े सरूर
तांघ दिलां विच्च रहे हमेशा
बेशक वस्से दूर
असली सज्जण दीद दे भुज्खे
नकली लोभी कर दे
लालचखोरे अख्खीं देखे
किसे किसे लई मरदे
असली दे मन धीरज देखी
नकली पाये फतूर
असली सज्जण...

साहब सिर मार-मारकर झूम रहा था और झूमते-झूमते ही साहब की आँखें बहने लगीं। गीत अभी ख़त्म नहीं हुआ था। साहब बीच में ही बोलने लगा, "ओए निंदर बेटा...अब हम भी दूर के सज्जण हो गये ओए...कल को हमने भी दूर चले जाना है।"

साहब मरासियों के बच्चों की तरह रोने लगा था। मैंने गीत ख़त्म किया। तुम्बी रख दी। साहब सामने पड़ी तुम्बी की ओर देखकर बोला, "ओए निंदरी! तेरी टुंग-लुंग-लुंग कहाँ से सुनेगी अब?...बेटा तू मेरे साथ ही चल...मैं तो तुम्हें साथ ही ले जाऊँगा...देखता हूँ कौन रोकता है...।"

आज मैं साहब का यह वैरागी रूप देखकर हैरान था। कहाँ तो साहब गालियाँ देता था, खीझता था, कई बार मारने को भी आया था, पीठ में मुक्का भी मारा था...

पर अब शराब पी होने के कारण बात अलग थी। साहब का मन बहुत पतला हो गया था। बहुत रात गयी को साहब मुश्किल टिका था।

सुबह साहब ने जाना था। भैंस तथा और बड़ा सामान अभी कोठी से नहीं ले जाना था। यह बाद में ले जाना था, साहब ने नयी जगह पर जॉइन करना था, इसलिए अकेला जा रहा था।

कचहरी से आये एक प्यादे ने मुझे बताया, "तेरा भी तबादला हो गया है, सेशन जज साहब के पास! तुमने भी आज ही वहाँ जॉइन करना है जाकर, तुम भी जाओ अब 'बड़ी कोठी'...।"

साहब कार में बैठने लगा। किशन पाँव छूकर हट गया था। जब मैं जाते समय साहब के पाँव छूने लगा तो मेरी भरी हुई आँखें देखकर साहब ने गले लगा लिया और थपकी देकर चुपचाप कार में बैठ गया।

कार चलने लगी, मैंने दोनों हाथ जोड़कर सिर झुकाया और अपने तबादले के हुक्म लेने के लिए कचहरी की ओर साइकिल मोड़ ली। जब मैं कचहरी के बड़े गेट में घुसने लगा तो साइकिल रोककर अपने खाकी कपड़ों से अपनी भीगी-भीगी आँखें पोंछ ली थीं।

मैं अपने गाँव भागा!

अब मेरी ड्यूटी मुख्य ज़िला और सेशन जज की कोठी में लग गयी थी। वहाँ बड़ी कोठी कुछ आदमी और भी काम करते थे। दो माली थे, दो खेतीबाड़ी के काम के लिए रखे हुए थे। सेशन हाउस के आसपास काफ़ी ज़मीन थी। उसमें गेहूँ तथा और मौसमी फ़सलें उगायी जाती थीं। मैं अब पाँचवाँ टायर ही था, उन चार आदमियों के साथ काम करना था, जो उन्होंने कहना था। वे चारों भी सरकारी थे, पक्के मुलाजिम थे! रोटी तैयार करने के लिए दो रसोइए अलग थे। जो कोई मुझे काम कह देता, मैं कर देता। कभी मालियों के साथ गुड़ाई, कभी गउओं की सेवा, कभी कमरों की साफ़-सफ़ाई, कभी फ़सलों को पानी, कभी-कभार कचहरी कोई काम और कभी बाज़ार से कोई चीज़ लानी होती।

साहब बहुत ही अच्छा था। अपने काम में मस्त रहता था। बीबी सभी को जैसे तोड़-तोड़कर खाती रहती थी। टिकने ही नहीं देती थी कभी। स्वभाव की बड़ी सख़्त थी।

गाँव मैं रोज़ जाता था। भले दुखी होता या सुखी। साइकिल पर चढ़ते ही गाने लगता :

दड़ वट्ट ज़माना कट्ट
भले दिन आवणगे...

चार महीने गुज़रे। जज साहब की बेटी अपने छोटे-छोटे बच्चों समेत माँ-बाप को मिलने आयी हुई थी। बच्चों को स्कूल से छुट्टियाँ थीं।

एक दिन मैं गाँव से आते थोड़ा लेट हो गया था। आते ही बीबी ने सौ-सौ गालियाँ सुनायीं, "तू गाँव जाना बन्द कर दे...यहाँ शहर में रह...कमरा ले ले किराये पर...तू किस बात का नौकर है, तुम तो साहब ही हो गया है...रोज़ गाँव मौज के साथ जाये और सुबह ठाठ-बाट से मर्ज़ी से आये...ऐसे नहीं चलेगी नौकरी तुम्हारी...। कान खोलकर सुन लो तुम।"

बीबी बहुत देर बोलती रही थी और मैं सुनता रहा था। वैसे भी कई दिनों से मैं दुखी-दुखी-सा महसूस कर रहा था। कभी-कभी पहले जज साहब भी, पिछले भी याद आते थे। कभी मन चाहता कि यहाँ से कहीं दूर, बहुत दूर भाग जाऊँ। क्या-क्या नहीं रुक जायेगा ऐसी नौकरी से मेरा? मैं खड़े पानी की तरह महसूस करता हूँ अब। तुम्बी भी अब नहीं बजायी थी कभी। मन बुझा-बुझा-सा रहता है। कभी सोचता हूँ, सारी उम्र इस तरह चपरासीपने में ही गुज़र जायेगी? क्या काम है यह?

यह अफ़सर आम लोगों का क्या इन्साफ़ करेंगे? जब अपने घरेलू नौकरों (जो सेवा करते हैं, इनका पेट भरते हैं, इनकी सेवा करते हैं) के साथ ही बहुत बेइन्साफ़ी करते हैं। यह कहाँ का क़ानून है? वेतन सरकारी है। काम कोठियों में है। काग़ज़ों में ड्यूटी कचहरी में रहती है।

सारी उम्र बर्तन धोते, गालियाँ खाते और गोबर उठाते ही निकल जायेगी मेरी, यह तो बिल्कुल सच है। मेरे मन ने कहा था। कई दिनों से मेरा मन चालू-सा हो रहा था।

दोपहर गुज़र गयी थी। बीबी ने मुझे अन्दर बुलाया और कहा, "अरे तनख़्वाह किस बात की लेता है? कोई काम करते हुए तो मैंने तुम्हें देखा नहीं कभी...चल ऐसा कर वो पिछले कमरे में स्वीटी ने पेशाब कर दिया है...वहाँ ज़रा पोछा मार दे...कर साफ़ जाकर...चल...साफ़ कर।"

"मैं नहीं बीबी जी, मैं पेशाब पे पोछा मारूँगा...मैं नहीं मारूँगा...औरों से मरवाओ पोछे...। मुझे पोछे मारने के लिए नहीं रखा गया अदालत में आवाज़ें मारने के लिए रखा गया है।...कल कहेंगी, हमारे बच्चों की लेटरिन उठा...मैं नहीं...मैं कोई जमादार हूँ...ना बीबी जी ना...?"

इतना सुन बीबी फटने को आ गयी थी, "तेरा बाप मारेगा पोछा? अगर मारना नहीं तो यहाँ क्या धक्के खाने आता है? जा अपने घर, दफा हो...कैसे बोलता है मेरे आगे...तू तो बहुत बेशर्म लड़का है...मुझे जवाब दे दिया, चला जा यहाँ से...।"

"बीबी जी मैं नहीं पोछे मारूँगा...मैंने कह दिया है, मैं नहीं मारूँगा...।"

"ना मार...ना मार...जा भाग जा यहाँ से...खड़ा ना हो यहाँ।" बीबी मुझसे भी ज़्यादा गर्म थी।

"अब यहाँ ना दिखाई देना मुझे...।"

मैंने साइकिल उठायी। कचहरी आया, काँपते हाथों से अपनी मातृ भाषा पंजाबी में इस्तीफ़ा लिखा। दफ़्तर वाले सभी हैरान हो रहे थे। सेशन जज साहब को बीबी ने सारी बात फ़ोन पर ही बता दी थीं।

सुपरिंटेंडेंट भी हैरान था, "बेटा ठण्डे दिमाग़ से सोचना था तुमने।"

"ना जी ना...सर, सोचा सर बहुत...क्या नौकरी है ये सर...तो मैं मर जाऊँगा सर...प्लीज़...धन्यवाद आपका...आप बहुत अच्छे हैं...मुझे अब जल्दी से और हमेशा-हमेशा के लिए छुट्टी दे दीजिए...मैं जाऊँ...सर।" यह कहते हुए मैं रो दिया।

इस्तीफ़े वाला काग़ज़ देकर मैं कचहरी से बाहर आ गया था।

शाम हो रही थी। मेरा दिल किसी चूज़े की तरह धड़क रहा था, बिल्कुल उसी चूज़े के दिल की तरह जो अभी-अभी किसी बिल्ली के मुँह से बचकर दौड़ा हो।

मैंने अपनी साइकिल गाँव को जाती सड़क पर कर ली।

आज सड़क पर बहुत रौनक थी। आज़ाद लोग अपने कामों से बड़ी मौज से बेफ़िक्री से आ-जा रहे थे। कोई गाता जा रहा था, किसी के चेहरे पर दिनभर के सच्चे-सुच्चे श्रम का सुरूर था। आज मैं भी उन आज़ाद रूह वाले लोगों में शामिल हो गया था।

सड़क के इर्द-गिर्द हरी-हरी फ़सलें आँखों को ठण्डक और मीठी ठण्डी हवा मन को शान्ति बख़्श रही थी। खेतों की हरवाई पर पक्षी उड़ानें भरते हुए चहक रहे थे। पक्षियों के गीतों ने मेरे मन में अजब-सी तरंग छेड़ी और मेरा दिल भी कुछ गाने के लिए कर आया। एक पल मुझे लगा कि जैसे आज मैं भी उन पक्षियों के साथ-साथ उड़ रहा हूँ।

आज बौरियों की ढाणी से कुत्ते भी नहीं भौंके थे। अगर भौंकते भी तो मैंने उन्हें आज गालियाँ नहीं देनी थीं। बौरियों के कच्ची ईंटों के घर मुझे अपने-अपने और बहुत प्यारे-प्यारे लग रहे थे। टूटी कच्ची सड़क मुझे जी.टी. रोड लग रही थी। अब मेरे सभी रास्ते खुल गये थे। आज मेरा अपना ही विलक्षण संसार था। आज मैं बिल्कुल हल्का, बेफिक्र और साइकिल पर उड़ता-उड़ता गाँव की ओर जा रहा था।

मैं ऊँचे सुर में गा रहा था :

दड़ वट्ट, ज़माना कट्टिया
भले दिन आ गये ओए...
भले दिन आ गये ओए...

❑❑